RÉSONANCES

Collection dirigée par Étienne CALAIS

Étude sur

MARGUERITE YOURCENAR

Mémoires d'Hadrien

par Caroline Guslevic

Professeur certifié de Lettres modernes

ellipses

Dans la même collection

RÉSONANCES – ÉTUDES SUR…

• *Antigone,* Anouilh • *Alcools,* Apollinaire • *Aurélien,* Aragon • *Le Père Goriot,* Balzac • *Les Fleurs du Mal,* Baudelaire • *En attendant Godot,* Beckett • *La Modification,* Butor • *La Chute,* Camus • *Les Justes,* Camus • *Voyage au bout de la nuit,* Céline • *La Machine infernale,* Cocteau • *Le Blé en herbe,* Colette • *Jacques le Fataliste,* Diderot • *L'Amant,* Duras • *Un barrage contre le Pacifique,* Duras • *Un roi sans divertissement,* Giono • *Amphitryon 38,* Giraudoux • *Électre,* Giraudoux • *La guerre de Troie n'aura pas lieu,* Giraudoux • *Nouvelles de Pétersbourg,* Gogol • *Les Châtiments,* Hugo • *Les Liaisons dangereuses,* Laclos • *Désert,* Le Clézio • *Boule de suif,* Maupassant • *Amphitryon,* Molière • *Dom Juan,* Molière • *Le Misanthrope,* Molière • *Les Caprices de Marianne,* Musset • *La Confession d'un enfant du siècle,* Musset • *Sylvie* et *Aurélia,* Nerval • *Manon Lescaut,* L'abbé Prévost • *Un amour de Swann,* Proust • *La Règle du jeu,* Renoir • *Les Confessions* (I-IV), Rousseau • *Les Mains sales,* Sartre • *Les Mouches,* Sartre • *Éthiopiques,* Senghor • *Le Parfum,* Süskind • *Vendredi ou les limbes du Pacifique,* Tournier • *Mémoires d'Hadrien,* Yourcenar • *Les Nouvelles orientales,* Yourcenar • *Le Roman de Tristan et Iseut.*

RÉSONANCES MÉTHODIQUES

• Enrichir son vocabulaire • Rédiger avec élégance • Maîtriser l'orthographe et la grammaire • Étude d'un texte argumentatif • Commentaire littéraire ou étude littéraire • La dissertation littéraire • L'oral de français • Méthodologies de l'épreuve de Lettres des Terminales L et ES

RÉSONANCES THÉMATIQUES

• Petite anthologie européenne du roman d'apprentissage • Le conte philosophique voltairien • Le bon sauvage • Le drame romantique • Les écrivains russes du XIXᵉ siècle • Malraux et le roman • Métamorphoses • Le mythe antique dans le théâtre du XXᵉ siècle • La poésie engagée • Le roman d'apprentissage au féminin • Le roman d'apprentissage en France au XIXᵉ siècle • Souvenirs et mémoire • La tragédie racinienne

ISBN 2-7298-7851-3

L'ŒUVRE ET SES CONTEXTES

I. LE ROMAN DE L'APRÈS-GUERRE

A. Les années cinquante : transitions et innovations

La période qui suit la Seconde Guerre mondiale est celle de la reconstruction, tant dans la vie économique et sociale, que dans les domaines de la création artistique. Le paysage littéraire est amputé des écrivains morts au combat (Nizan, Saint-Exupéry), en déportation (Desnos, Max Jacob) ou lors de l'épuration, au moment de la Libération (suicide de Drieu la Rochelle, exécution de Brasillach). Le roman accomplit, lentement et sûrement, **une mutation qui exprime la nécessité du renouvellement**, le goût de la recherche créatrice. S'affirme alors un style nouveau et désinvolte, celui des « Hussards », groupe de jeunes romanciers en rupture de ban avec la littérature conventionnelle et les valeurs humanistes, et qui proclame la gratuité de la littérature. Parmi eux : Roger Nimier, Jacques Laurent, Antoine Blondin. En 1954, le succès de *Bonjour tristesse*, de Françoise Sagan, marque l'apogée de cette tendance, plus anticonformiste que véritablement innovante, mais qui constitue la période de transition nécessaire à l'expression d'autres formes littéraires.

Précisément, le terme d'**anticonformisme** qui naît à cette époque, caractérise la culture et les mentalités, que de nouvelles conceptions romanesques vont cerner et définir. On entre dans « l'ère du soupçon », selon la célèbre formule de Nathalie Sarraute, qui remet en question les héritages culturels précédents. La porte s'ouvre donc au **Nouveau Roman**, qui englobe des écrivains n'appartenant à aucune école, mais dont l'objectif commun est d'en finir avec les formes convenues de la fiction : on assiste à la disparition du personnage, à l'estompage de l'analyse psychologique, au rejet de l'intrigue traditionnelle insérée dans un

---

Toutes nos références concernant *Mémoires d'Hadrien* renvoient à l'édition Folio, n° 921.
Abréviations utilisées :
YO : *Les Yeux ouverts*.
CN : *Carnets de notes*.
OAN : *L'Œuvre au noir*.
Les astérisques signalent les mots qui figurent dans le glossaire.

récit chronologique, au refus de l'illusion réaliste. Alain Robbe-Grillet, Michel Butor, Nathalie Sarraute, Marguerite Duras, sont les représentants les plus connus de cette littérature de recherche.

Parallèlement, le goût de l'innovation touche aussi le langage, en particulier dans les romans de Boris Vian, dont les publications littéraires encadrent la parution de *Mémoires d'Hadrien* (*L'Écume des jours*, 1947 ; *L'Herbe rouge*, 1950 ; *L'Arrache-Cœur*, 1953).

B. Du côté de la tradition : réalisme et classicisme

Le Nouveau Roman tend à occulter partiellement une production romanesque plus traditionnelle, qui subsiste toujours, et ne remet pas en cause les caractères formels des genres auxquels elle se rattache. La crédibilité des personnages n'est pas atteinte, la fiction reste aisément lisible. Fleurissent alors, au seuil des années cinquante, des **romans réalistes inspirés de l'histoire immédiate**, dont ils veulent témoigner : la débâcle, l'occupation, la résistance, en fournissent les thèmes et les cadres majeurs. Entre autres : *Le Silence de la mer* de Vercors (1942), *Éducation européenne* de Romain Gary (1945), *Week-End à Zuydcoote* de Robert Merle (1949).

Mais d'autres écrivains respectent une tradition dite « **classique** », en ce sens qu'à l'époque du Nouveau Roman, ils conservent les codes de la forme ou de l'écriture romanesque. On a affaire à un type de roman qui veut se démarquer de l'actualité (tant culturelle, qu'idéologique ou littéraire) et recherche dans un **passé lointain** sa source d'inspiration. C'est dans ce créneau que paraissent, en 1951, *Mémoires d'Hadrien* de Yourcenar, *Le Rivage des Syrtes* de Julien Gracq et *Le Hussard sur le toit* de Jean Giono. L'œuvre de Yourcenar est classique à tous égards : perfection et rigueur du style, continuité chronologique du récit, respect de l'humanisme. Chez Giono, la trame romanesque reste traditionnelle tout en s'alliant à la nouveauté du style et de la technique narrative. Quant au *Rivage des Syrtes*, dans une écriture élégante et juste, il combine histoire politique et décor imaginaire.

C. Écrire l'histoire : roman idéologique ou roman historique ?

On vient de le voir, l'histoire sert de source d'inspiration à des modèles romanesques éloignés des modes, et qui pour cette raison aussi, se rattachent au classicisme. Mais deux façons d'écrire l'histoire coexistent dans le paysage littéraire des années cinquante. La Seconde Guerre mondiale a généré une **conception**

idéologique du roman, en prise directe sur le monde, où combat d'idées et réflexion politique se mêlent, et qui sera à l'origine du roman « engagé » : Aragon ouvre la voie, avec *Les Communistes* (1949-51), suivi de Claude Roy, André Stil, et Roger Vailland. Camus prend ses marques avec *La Peste* (1947). Dans ce type d'œuvres, les valeurs d'espoir et de fraternité s'affirment profondément.

En marge du roman idéologique, se situe le roman historique traditionnel qui tente de faire resurgir le passé : on voit naître de grandes fresques, élaborées avec minutie, (*Les Rois maudits* de Maurice Druon, (1955-60), *La Lumière des Justes* d'Henri Troyat, (1955-62) où souci de l'exactitude et vérité historique sont les pierres de touche nécessaires à la **recréation de la culture et de la sensibilité du passé**. Les *Mémoires d'Hadrien* se réclament de cette exigence. Mais le roman de Yourcenar, tout comme *Le Hussard sur le toit* de Giono, propose aussi une méditation intemporelle sur le sens de la vie et la condition humaine, élargissant ainsi le cadre historique pour le faire coïncider avec les préoccupations de la modernité. Aragon, avec *La Semaine sainte* (1958), poursuit le même objectif, allant même jusqu'à interrompre la narration pour y insérer ses propres souvenirs ou hantises.

Ainsi, en 1951, Marguerite Yourcenar, proche du IIe siècle par la pensée et pourtant historiquement éloignée de l'Antiquité, est en décalage avec son époque. Indifférente aux recherches formelles qui envahissent le roman, **elle s'inscrit en solitaire dans le paysage littéraire des années 50/60**.

II. MARGUERITE YOURCENAR, BIOGRAPHIE

A. De Crayencour à Yourcenar

1. Les années de formation

Marguerite de Crayencour — nom d'origine de Marguerite Yourcenar — est née le 8 juin 1903 à Bruxelles, dans une vieille famille aristocratique, d'un père français et d'une mère belge qui meurt quelques jours après sa naissance. À la mère définitivement absente se substitue un père attentif et présent, doué d'une personnalité peu conventionnelle : fantasque* et lettré, grand voyageur, par deux fois déserteur de l'armée, passionné du jeu et des femmes. Michel de Crayencour offre à sa fille, élevée en France, une éducation très solide et privilégiée, en dehors du système scolaire traditionnel, assurée en partie par lui-même ou par des précepteurs. Ce qui n'est pas sans rappeler l'éducation de Montaigne. Il l'initie au latin et au grec, lui apprend les rudiments de l'anglais, lui fait découvrir l'univers de la littérature par des lectures éclectiques*, souvent faites à haute voix. À titre d'exemple, elle lit Chateaubriand, Maeterlinck, Tolstoï. « Racine, La Bruyère et d'autres » (YO p. 45). Ensemble, ils voyagent beaucoup, en Europe, surtout en Grèce, en Italie et en Belgique. Ainsi le père transmet-il très tôt à sa fille ce goût des voyages et de l'indépendance qu'elle cultivera toute sa vie. En 1919, à seize ans, elle obtient la première partie du baccalauréat mais ce diplôme n'aura pas de suite car elle décide de devenir écrivain.

Elle est à cette époque **une jeune fille érudite, imprégnée de culture classique**, passionnée par l'histoire, la poésie, les arts gréco-romains. Des relations exceptionnelles nouées avec son père, dont le rôle initiatique est incontestable, elle acquiert aussi « le goût de l'exactitude et de la vérité » (YO p. 25). Deux qualités dont témoigne en effet l'ensemble de son œuvre.

2. Les premières esquisses

La voici adolescente. C'est l'âge des premiers essais, des œuvres de jeunesse. **Elle aborde la littérature de manière classique**, par des poèmes, dont un, consacré à Icare (composé en 1919) sera le premier ouvrage publié à compte d'auteur (cadeau du père) en 1921, sous le titre *Le Jardin des chimères*. Qu'était ce poème ? « C'était rien », déclare l'écrivain dans ses entretiens avec Matthieu Galey (YO p. 53), critiquant l'aspect ambitieux du sujet, le style très influencé par Victor Hugo. Mais il contient déjà en germe les thèmes qui la préoccuperont plus tard. Suit en 1922 « un petit volume de poèmes encore pires » : *Les Dieux ne sont pas morts* (YO p. 53). On le constate, Marguerite Yourcenar juge sans complaisance ses débuts littéraires !

Et qui était cet auteur, au sexe indéchiffrable, signant « Marg Yourcenar » ? À dix-huit ans, la jeune fille a trouvé sa nouvelle identité. Ce pseudonyme a été inventé par l'auteur et son père, jouant un soir de 1920 avec les lettres de leur nom, pour en former des anagrammes*. « Nous sommes tombés sur l'Y », raconte-t-elle (YO p. 55). L'anagramme* est presque parfaite. Le nom est retenu pour la beauté du Y. Dès lors, l'écrivain est né et publiera sous ce nom, qui deviendra son nom légal, toutes ses œuvres postérieures. **Celles-ci s'orientent progressivement vers le schéma romanesque.** En 1922-25, elle conçoit le projet d'un très long roman, *Remous*, qui ne verra pas le jour sous cette forme. De cette œuvre matricielle sortiront trois nouvelles qui paraîtront en 1934, sous le titre *La mort conduit l'attelage*. Mais leur destin ne s'achève pas là : en effet, dans la première se profile déjà Zénon, le futur héros de *L'Œuvre au noir* ; la deuxième à peine remaniée deviendra *Anna, soror*... De la troisième naîtront en

1982 *Un homme obscur* et *Une belle matinée*. Trois autres petits textes[1], restés plus ou moins confidentiels jusqu'à leur publication en 1993, sont encore écrits dans les années 1927-1930. En 1929 paraît *Alexis ou le Traité du vain combat*, un court récit, de style gidien cette fois, où le thème de l'homosexualité masculine — récurrent dans la problématique yourcenarienne — est abordé.

Tels furent ce que Marguerite Yourcenar appelle **« les projets de la vingtième année » qui dans le fond ne la quitteront pas**, comme elle-même le reconnaît :

> À vingt ans, j'avais prévu à peu près quatre ou cinq de mes livres et j'avais commencé à barbouiller beaucoup de papier[2].

Force est de constater que ces premiers « barbouillages » ont engendré les œuvres majeures de la romancière, au prix d'un incessant travail de recréation.

B. Du Mont-Noir à Monts-Déserts

1. Les années de bohème

« Les plus forts souvenirs sont ceux du Mont-Noir » déclarait Marguerite Yourcenar à Matthieu Galey (YO p. 17). Cette grande propriété, située dans le nord de la France, près de Saint-Jans-Cappel, appartenant à sa famille paternelle, représente le lieu privilégié de la petite enfance de l'écrivain, « une demeure d'été surtout » car les hivers se passent, quant à eux, dans le midi. On le voit, dans ces années-là, elle n'a qu'une dizaine d'années mais **inaugure déjà la vie errante qui sera la sienne**, à de rares exceptions : un jour ici, le lendemain ailleurs, la belle saison au Mont-Noir, l'hiver sur la Côte d'Azur. **Elle y vit en solitaire dans un monde d'adultes**, et s'adonne aux joies de la campagne ; elle apprend à aimer et à respecter la nature et les bêtes. Ce mode de vie l'initie très tôt au refus du massacre des animaux, fût-ce pour la nourriture. La conduite écologique de Marguerite Yourcenar remonte évidemment à cette période. Pas très loin du Mont-Noir cependant, les plaines et les plages du Nord appellent d'autres émotions. Enfin, le mode de vie de la maisonnée décide également du goût de la romancière pour les gens simples — domestiques, jardinier, laitier… — dont toute sa vie elle appréciera la fréquentation.

L'enfance champêtre s'achève en 1912 lorsque la propriété est vendue, sans regrets ni pour Michel de Crayencour ni pour sa fille. Désormais, ils habitent Paris où Marguerite découvre avec les musées « le grand rêve de l'histoire », qui

---

1. Il s'agit de *Conte bleu*, *Le Premier Soir*, *Maléfice*.
2. Cité par Josyane Savigneau, dans sa biographie : *Marguerite Yourcenar*, Gallimard, 1990, p. 73.

toujours la fascinera. Puis c'est l'exil en Angleterre, dès le début de la guerre de 14-18. Ils y resteront quatorze mois. Cette année anglaise est marquée par l'apprentissage de la langue du pays et du latin. Par les musées, encore. Au British Museum de Londres, elle voit « Hadrien pour la première fois, le viril et presque brutal Hadrien de bronze vers la quarantième année » (YO p. 31). Simple vision, sans plus. Mais n'y a-t-il que des rencontres de hasard ?

En automne 1915, c'est le retour à Paris et en novembre 1917, l'installation dans le sud de la France, pour quelques années, à Monte-Carlo principalement. En 1927, la Suisse à son tour devient la nouvelle terre d'accueil du père et de la fille. Mais **les voyages sont incessants** : Marguerite Yourcenar découvre l'Italie en 1922 (Venise, Vérone, Milan) et y séjournera fréquemment jusqu'à la guerre de 39. Son père meurt en 1929, ruiné, ne laissant rien d'autre à sa fille — si l'on ose dire — qu'un héritage intellectuel et l'esprit de nomadisme. Les années 30 à 39 sont surtout centrées sur la Grèce, mais Istanbul, l'Autriche, les régions du Danube sont également visités.

Deux rencontres décisives se produisent durant cette période : celle d'André Fraigneau, en 1931, passion malheureuse car non partagée (Fraigneau étant homosexuel) ; celle de Grace Frick, universitaire américaine, en 1937, qui sera jusqu'à sa mort en 1979, la compagne de Marguerite Yourcenar.

En hiver 1937-38, l'écrivain effectue son premier séjour aux États-Unis. Ce sera son dernier voyage avant la longue nuit américaine. Elle rentre en Europe à la fin d'avril 1938 : c'est le temps des premiers succès avec les *Nouvelles orientales* et *Le Coup de grâce*, celui-ci étant considéré comme son premier chef-d'œuvre ; l'homosexualité encore, et la mort en constituent les thèmes dominants.

2. La vie américaine

C'est encore à l'occasion d'une guerre, qu'elle s'installe définitivement aux États-Unis, en novembre 1939, « comptant y rester six mois »... Avec Grace, elle vit d'abord à New York puis à Hartford, dans le Connecticut. Le début des années 40 correspond aux années les plus noires, sans projet littéraire. Que fait alors Marguerite Yourcenar ? Contrainte de gagner sa vie — l'héritage maternel étant épuisé — elle effectue quelques conférences, traductions, rédige quelques articles de presse avant d'obtenir un emploi de professeur de langue française et de littérature comparée dans une université américaine. L'adaptation difficile à ce nouveau pays, la précarité matérielle sont compensées par la stabilité et la plénitude de sa vie personnelle aux côtés de sa dévouée compagne, Grace. Mais elle n'écrit pratiquement plus (excepté quelques pièces de théâtre), comme annihilée par cette existence quasi routinière : en effet, **entre 1938 et 1948, se situe la plus**

grande parenthèse de sa vie, ce qu'elle appelle la « nuit de l'âme », aggravée par le renoncement aux voyages. Durant douze ans, elle ne reverra pas l'Europe. Comme son héros Zénon, elle passe de « la vie errante » à « la vie immobile »… En 1947, elle adopte la nationalité américaine, sous le nom dès lors légalisé de Yourcenar. En 1950, elle acquiert avec Grace une maison, « Petite Plaisance », située sur l'île des Monts-Déserts, dans le Maine, dont la beauté sauvage les séduit. Elle y terminera *Mémoires d'Hadrien*.

Il lui aura fallu attendre le début de 1949 pour reconquérir son ardeur à écrire : en retrouvant les fragments du manuscrit qu'elle croyait perdu des *Mémoires d'Hadrien*, elle procède à une véritable renaissance :

> Il ne fut plus question que de récrire ce livre coûte que coûte.
> (CN p. 328)

Selon Josyane Savigneau, « la vraie vie, désormais, c'est Hadrien[1] ».

C. Hadrien, Zénon, Michel et les autres

1. Les œuvres de la maturité

La publication, en 1951, de *Mémoires d'Hadrien*, obtient un immense succès qui impose désormais l'écrivain. L'enthousiasme du public et de la presse, ainsi que des grandes figures littéraires de l'époque[2] la surprend, elle qui ne pensait être lue que par une dizaine de personnes !

Elle retrouve donc son souffle créatif en renouvelant le genre du roman historique, en multipliant les traductions, les essais et l'écriture théâtrale. **Elle reprend aussi la route des voyages** : la parution de son livre est l'occasion pour elle de revenir en Europe, accompagnée de Grace, en mai 1951. Paris bien entendu, mais aussi le midi de la France, la Suisse, l'Italie, l'Espagne, voici les lieux privilégiés qui seront revus. Occasion aussi de retrouvailles amicales, de relations renouées, de rencontres nouvelles, comme si en même temps que l'empereur du deuxième siècle, l'auteur reprenait vie à son tour. En particulier, une amitié durable et une longue correspondance s'établissent avec Natalie Clifford Barney. Lorsque Marguerite Yourcenar repart en 1952, « elle est redevenue, comme avant-guerre, un écrivain français. Avec le succès en plus ». Dès lors, les allers-retours entre les États-Unis et la France, pour faire des conférences ou des séjours privés, seront réguliers jusqu'en 1956, date à partir de laquelle Yourcenar ne reverra plus Paris avant 1968. Vers la fin des années cinquante, de

1. Josyane Savigneau : *Marguerite Yourcenar*, Gallimard, 1990, p. 192.
2. Jules Romains, Roger Martin du Gard, Thomas Mann, entre autres.

façon générale, les voyages sont moins fréquents, et comme compensés par une intense activité épistolaire. À noter, cependant, en 1962, un périple à étapes dans les pays nordiques et en Union soviétique.

À partir de cette période, l'ardeur à écrire retrouvée, **Yourcenar vit en écrivain**, à Petite Plaisance. Elle n'enseigne plus à l'université de Sarah Lawrence, mais travaille assidûment, retouchant ses œuvres antérieures, traduisant poèmes grecs et negro spirituals, rédigeant ce qui deviendra *L'Œuvre au noir*.

Les années 1965-68 se déroulent de nouveau sur le mode de la « vie immobile » et au rythme des démêlés judiciaires entre les éditeurs : Plon, éditeur de *Mémoires d'Hadrien* et Gallimard, qui a publié certaines œuvres et voudrait se les voir confier toutes. Ce qui sera fait à partir de 1967.

Aux années d'euphorie qui ont suivi la publication de *Mémoires d'Hadrien*, succède donc une période de latence, de voyages plus espacés et moins longs, une période qui s'assombrit avec le cancer de Grace.

2. Le projet autobiographique

En 1968, *L'Œuvre au noir* lui apporte une audience encore accrue et le premier maillon dans la chaîne des consécrations avec le prix Fémina. Cette même année est marquée par son retour en France, après douze ans d'absence, en mai d'abord pour la parution du livre, puis en novembre, à l'occasion des prix littéraires. Elle ne repartira qu'en mars 1969.

Avec la décennie 70 s'ouvrent **les années les plus difficiles** de la vie de Marguerite Yourcenar, sur le plan privé, puisqu'elle doit accompagner Grace dans la souffrance et la maladie, jusqu'à son terme tragique. De nouveau, **les voyages se raréfient**, mais en contrepartie, le monde vient à Petite Plaisance : l'écrivain reçoit chez elle des journalistes de plus en plus nombreux. Pendant ces années-là, le projet autobiographique prend corps, comme si se tourner vers le passé permettait d'occulter l'avenir et de substituer au voyage spatial un voyage dans le temps… *Souvenirs pieux* paraîtra en 1974, suivi en 1977 d'*Archives du Nord*. Le troisième volume, inachevé, *Quoi ? l'Éternité* sortira à titre posthume en 1988. Ces œuvres renouvellent à leur manière le genre ; elles constituent des chroniques familiales, où l'écrivain part à la recherche de ses origines, parlant en fait très peu d'elle-même ou plutôt indirectement : elle s'efforce **de reconstruire le tableau des influences historiques et familiales** dont elle est issue. Cet intérêt autobiographique n'est pas neuf dans son œuvre. D'une certaine façon, *L'Œuvre au noir* s'y rattache : ce roman est né, dit-elle, « de mon intérêt pour ce que je savais des chronologies familiales, des villes où j'avais passé mon enfance. Un jour, je me suis aperçue tout d'un coup que tout cela pouvait se rejoindre pour donner un univers humain. » (YO p. 167) On perçoit de fait une continuité, voire une unité, tant dans les préoccupations de Yourcenar que dans son œuvre littéraire. Au-delà de la variété des ouvrages et de l'écart temporel qui les sépare, les œuvres se croisent et se rejoignent, s'appelant et se répondant l'une l'autre. À tel point d'ailleurs que la démarche autobiographique traite les personnes ayant réellement existé comme des êtres de fiction : les figures exceptionnelles de l'oncle Octave dans *Souvenirs pieux*, du grand-père Michel-Charles, du père, nommé Michel de C. dans *Archives du Nord*, ou de Jeanne et d'Égon dans *Quoi ? l'Éternité* enrichissent la galerie des personnages yourcenariens.

Avec ces ouvrages, **la médiatisation de l'écrivain s'intensifie**, les honneurs se multiplient. Elle est en pleine gloire lorsque Grace Frick meurt en novembre 1979, après quarante ans d'existence partagée. Puis la vie reprend. Il semble même, d'après Josyane Savigneau, qu'avec cette mort, Marguerite Yourcenar renaisse une nouvelle fois au monde, aux passions, aux voyages. Le jeune photographe Jerry Wilson, rencontré en 1978, sera le compagnon de ses derniers périples. Ils effectuent ensemble un véritable tour du monde. À la manière de Zénon encore, Marguerite Yourcenar ne veut pas mourir « sans avoir fait le tour de sa prison ».

Dernières années, derniers succès, dernières épreuves : en 1981, elle est la première femme élue à l'Académie française. L'année suivante, paraît *Comme l'eau qui coule* et l'ensemble de son œuvre romanesque « entre » dans la prestigieuse Bibliothèque de La Pléiade. Mais elle doit de nouveau affronter la maladie et la mort : celles de Jerry Wilson, qui s'éteindra en 1986, la laissant encore une fois seule, désemparée, et affaiblie par l'âge. Elle a quatre-vingt trois ans. Et pourtant, les derniers projets de sa vie l'exaltent toujours : une adaptation cinématographique de *L'Œuvre au noir*, et la rédaction de *Quoi ? l'Éternité*, à laquelle elle se consacre intensément. . En 1986-87 auront lieu les derniers voyages en Europe. Elle meurt le 17 décembre 1987, emportée par un accident cérébral, rejoignant « les yeux ouverts » (Josyane Savigneau le raconte) l'éternité mystérieuse de ses personnages.

L'ŒUVRE EN EXAMEN

I. PERSPECTIVE D'ENSEMBLE

A. Résumé succinct de *Mémoires d'Hadrien*

À l'approche de sa mort, l'empereur Hadrien (78-138) écrit une longue lettre, à la fois testament et leçon d'éducation politique, à son futur successeur, le jeune Marc Aurèle. Le récit mêle plusieurs voix : celle de l'homme vieillissant et malade (*Animula vagula blandula* et *Patientia*), qui fait le bilan de sa vie et médite au présent sur les thèmes qu'il privilégie : tout particulièrement la mort, mais aussi l'art, le voyage, l'amour, la paix… ; et celle du narrateur mémorialiste qui retrace, sur le mode autobiographique, son parcours existentiel, de sa jeunesse à sa maladie finale. Il raconte ses années de formation, intellectuelle et militaire, ses débuts de fonctionnaire ambitieux et efficace auprès de l'empereur Trajan, et son accession au pouvoir (*Varius multiplex multiformis*) ; les premiers temps de son règne sous-tendus par un constant souci d'humanisme, de justice et de paix, qui est l'expression d'un tempérament marqué par le goût de l'hellénisme* (*Tellus stabilita*). Viennent ensuite les années de maturité politique et personnelle où l'empereur dans son apogée rencontre celui qui bouleversa sa vie : Antinoüs, passionnément aimé, prématurément disparu, à jamais regretté et vénéré (*Sæculum aureum*). Commence alors la dernière étape, cheminement lent et douloureux d'un être vers sa propre finitude, à la fois lucide et pessimiste, mais qui continue à parachever son œuvre, à mettre en ordre son empire et son passé, à organiser sa succession et sa mort. Les premiers symptômes de la maladie de cœur qui l'emportera apparaissent pendant la guerre de Judée. Dès lors, le choix d'un successeur s'impose. Lucius, d'abord désigné, meurt trop tôt. Par le processus de l'adoption, Hadrien choisit ensuite Antonin, à qui il fait adopter à son tour Annius Vérus, le futur Marc Aurèle (*Disciplina augusta*). Il peut donc, en toute quiétude, « entrer dans la mort les yeux ouverts » (*Patientia*).

B. Genèse de l'œuvre

1. Villa Adriana, 1924

Marguerite Yourcenar a vingt ans lorsqu'elle rencontre Hadrien à l'occasion de son premier séjour à Rome, en 1924, quand elle visite, en compagnie de son père, la **villa Adriana à Tivoli**. Alors se produit le déclic qui la conduit à s'intéresser à l'empereur, « l'étincelle » (YO p. 151) qui perdurera dans une lente maturation de plus de vingt-cinq ans, à travers un projet sans cesse recommencé, puis tout à fait abandonné. Entre 1924 et 1926, elle écrit plusieurs versions dont un récit dialogué sur le personnage d'Hadrien. En 1926, elle propose à l'éditeur Fasquelle qui la refuse, une version intitulée *Antinoos*. La même année, elle achète un profil d'Antinoüs au Musée archéologique de Florence : objet fétiche, qu'elle « promène » sans cesse avec elle, ainsi qu'une carte de l'empire romain à la mort de Trajan. Jusqu'en 1929, elle poursuit un travail assidu de recherches, de lectures, d'imprégnation. Suivent quelques années d'abandon, puis des travaux intermittents en 1934, puis 1936-37.

2. Histoire d'une malle

Viennent alors les longues années de l'oubli. Le projet reste enfoui dans une malle, entreposée pendant la guerre en Suisse, sous forme de quelques feuillets, ébauches. Cependant, à intervalles réguliers, réapparaissent les personnages obsédants : en 1941, Marguerite Yourcenar acquiert quatre gravures de Piranèse dont une de la villa d'Hadrien, regardée pendant des années « presque tous les jours », mais d'un œil détaché du projet romanesque. En 1943 encore, le nom d'Hadrien figure dans un essai sur la Grèce antique et en 1945 l'image d'Antinoüs, noyé, est évoquée dans un autre ouvrage, *Cantique de l'âme libre* (CN p. 326). C'est en terre américaine que Marguerite Yourcenar retrouve Hadrien. Le 24 Janvier 1949[1], elle reçoit de Suisse la malle, contenant de vieux papiers, des lettres anciennes, dont celle-ci : « Mon cher Marc… » La romancière s'étonne :

> De quel ami, de quel amant, de quel parent s'agissait-il ? [...] Il fallut quelques instants pour que je me souvinsse... (CN p. 327-328)

1. Dans ses *Carnets de Notes*, M. Yourcenar propose la date de décembre 1948, que Josyane Savigneau a rectifiée, d'après les agendas de 1949 tenus par Grace Frick. Voir *Marguerite Yourcenar, l'invention d'une vie*, Gallimard, 1990, p. 188.

Quelques instants de réminiscence*... puis trois ans d'écriture intensive, de « travail continu, à ne faire que cela, à vivre en symbiose avec le personnage » (YO p. 155). Il a donc fallu une **genèse d'un quart de siècle avant le déclenchement véritable de l'écriture**, et trois années pour mener à son terme l'œuvre. En 1951, Hadrien vient au monde déjà adulte : voici vingt-sept ans qu'il hante l'esprit de Marguerite Yourcenar, vingt-sept ans qu'elle le porte en elle.

Que reste-t-il des ébauches et versions précédentes ? Seule la phrase suivante, datant de 1934 : « Je commence à apercevoir le profil de ma mort. » L'auteur conclut : « J'avais enfin trouvé le point de vue du livre » (CN p. 322). Point de vue consistant, de la part du personnage, à expliquer, à jauger la vie, en la considérant au seuil de la mort.

3. Les sources du roman

Multiples sont les sources du roman qui témoignent de l'**érudition phénoménale** de l'écrivain et de ce point de vue confèrent au texte sa totale valeur historique. Elles sont recensées avec précision dans la longue *Note* finale qui accompagne l'édition actuelle du livre.

Mais à bien y regarder, les sources des *Mémoires d'Hadrien* sont de plusieurs natures que l'on peut ainsi répertorier :

– **les sources émotionnelles**, qui correspondent aux premiers contacts à l'origine de l'inspiration de la romancière. Il y en a deux : en 1924, la visite des vestiges émouvants de la Villa Adriana représente le début d'un processus mental d'intégration d'Hadrien dans la pensée, voire l'inconscient de Yourcenar. L'émotion est ici née de la matière, de la concentration de l'espace et du temps antiques sous la forme des ruines. S'ajoute à cela en 1927 la phrase « inoubliable » de Flaubert, citée dans *Carnets de notes*, et qui donne tout son sens au projet romanesque :

> Les dieux n'étant plus, et le Christ n'étant pas encore, il y a eu, de Cicéron à Marc Aurèle, un moment unique où l'homme seul a été (p. 321).

Cet « homme seul », ce sera Hadrien. Ainsi, l'ambition littéraire est-elle le fruit d'émotions intenses, qui cristallisent la puissance créatrice en germe d'une jeune femme de vingt-quatre ans, au début du vingtième siècle, et celle, achevée, d'un empereur romain du deuxième siècle.

– **les sources artistiques** : combien de statues, de gravures, de musées ont été vus et revus, combien de hauts lieux de l'histoire romaine et hadrianique visités ? Par volonté d'imprégnation, il semblait nécessaire à Marguerite Yourcenar de mettre ses pas dans ceux d'Hadrien, comme il lui était aussi indispensable de penser ce qu'il avait pensé. Mais surtout, l'art de l'Antiquité gréco-romaine, abondant, est singulièrement parlant ; toutes les représentations architecturales ou iconographiques de cette époque, y compris les monnaies et les inscriptions antiques, sont autant de matériaux destinés à fertiliser l'imagination de la romancière, en particulier pour la description d'Antinoüs.

– **les sources livresques**, enfin, puisées dans les ouvrages historiques postérieurs à la vie de l'empereur ou dans des documents d'époque, complètent les précédentes. Yourcenar en revendique principalement deux, parmi une liste impressionnante : l'*Histoire romaine*, ouvrage de l'historien grec Dion Cassius[1], et un tome d'une « quelconque *Histoire Auguste*[2] », consacrés à la vie d'Hadrien, « brusquement sorti d'entre ces pages » (YO p. 147). Ces sources ne sont pas toujours utilisées telles quelles, mais sélectionnées, adaptées ou potentialisées, de sorte à combiner créativité et réalité historique. Yourcenar indique avoir utilisé

> certaines informations obscures, trouvées dans des documents très peu connus, qui précisaient qu'Hadrien, tel jour, à six heures du matin, se trouvait à tel endroit en Égypte. À partir de là, toute une journée de l'empereur ressortait. (YO p. 61)

En marge de ces compilations*, l'écrivain s'efforce d'aller plus loin encore dans le processus d'intégration de son personnage.

> L'une des meilleures manières de recréer la pensée d'un homme, dit-elle : reconstituer sa bibliothèque. (CN p. 327)

« Reconstruire » sa culture. En lisant « ce qu'Hadrien lisait, ce à quoi il se référait, [...] les philosophes qu'il avait lus » (YO p. 148). Certes, cette méthode facilite la reconstitution, et apporte du même coup au récit les garanties de l'histoire. Mais sa fonction essentielle n'est-elle pas de permettre de retrouver l'âme qui manque aux lieux, de faire revivre le regard des statues et de redonner la parole à la voix d'Hadrien ?

---

1. Dion Cassius (v. 155-v. 235) : auteur d'une *Histoire romaine* en 80 livres, dont une grande partie a été perdue.
2. *Histoire Auguste* : recueil comportant 39 biographies d'empereurs, depuis Hadrien, dont la date et la composition sont aujourd'hui contestées (voir p. 19).

C. Naissance et renaissance d'Hadrien

1. L'empereur dans l'histoire

Haute figure de l'histoire romaine, Hadrien est une personnalité originale et lettrée. Ce tableau permet de le situer dans sa réalité historique.

24/1/76	Naissance de Publius Ælius (qui deviendra Hadrien) à Italica (Espagne)
86	Décès du père d'Hadrien. Trajan devient son tuteur
95	Hadrien est nommé tribun militaire en Pannonie puis en Mésie
101	Nommé questeur
102-106	Devient membre de l'état-major impérial. Campagnes contre les Daces
107	Gouverneur de la Pannonie
108	Nommé consul suffect
112	Élu archonte d'Athènes
114	Légat en Orient, il participe aux expéditions contre les Parthes.
117	Hadrien devient gouverneur de Syrie. Mort de Trajan le 8 août. Avènement d'Hadrien
121-125	Premier voyage dans les provinces de l'empire
122-127	Construction du mur d'Hadrien entre l'Angleterre et l'Écosse
123-124	Rencontre d'Antinoüs
129	Mort d'Antinoüs
132	Fondation d'Antinoé
132-135	Soulèvement des Juifs (ou révolte de Bar Kochba)
136	Mort de l'impératrice Sabine. Fin de la construction de la Villa Adriana
25/2/138	Adoption d'Antonin le Pieux. Construction du Mausolée d'Hadrien
10/7/138	Mort d'Hadrien à Baïes. Proclamation d'Antonin

2. L'empereur réinventé

Quelles modifications la romancière a-t-elle apportées ? Car enfin, l'œuvre tient de la fiction, et non de l'ouvrage d'histoire. Yourcenar énumère elle-même dans la *Note* finale les ajouts, modifications ou inventions apportés à la vérité historique. Voici les principaux :

Personnages et faits historiques	Ajouts ou modifications	Inventions ou hypothèses
Marullinus	Don divinatoire emprunté à un oncle d'Hadrien	Circonstances de sa mort
Isée, maître d'Hadrien		Études d'Hadrien à Athènes
Gallus	Sa déconfiture souligne la rancune d'Hadrien	
Mélès Agrippa-Castoras-Turbo		Leur participation aux rites initiatiques
		Initiation mithriaque d'Hadrien Taurobole d'Antinoüs Rencontre avec le gymnosophiste
Monnaies du règne	Imagerie des voyages	
		Visite de Lucius à Alexandrie
Sacrifice d'Antinoüs		La soirée à Canope
	L'enfant tombé du balcon	
		L'exécution d'Apollodore
Chabrias-Céler-Diotime		Points de départ à l'invention partielle de trois personnages
	L'épisode des chasses en Libye	
		L'esclave Euphorion La sorcière et la Sibylle Le médecin Léotichyde
Noms gravés sur le colosse de Memnon		
	Le secrétaire éborgné	
		Origine sociale d'Antinoüs Participation active d'Hadrien à la guerre de Judée La méditation en Palestine
Adoption d'Hadrien par Trajan		Incertitude des circonstances

Personnages et faits historiques	**Ajouts ou modifications**	**Inventions ou hypothèses**
Mort d'Antinoüs		Incertitude des circonstances
Poèmes de Julia Balbilla	Récit de la visite à Thèbes	
Consolation de Noumédios Composition de musiques funèbres pour la mort d'Antinoüs		

Ce tableau permet de comprendre dans quelle mesure Marguerite Yourcenar a utilisé, pour les modifier ou les interpréter, les faits ou les personnages historiques tout en restant dans la véracité. Des anecdotes de l'époque romaine, mais pas forcément hadrianique, des traditions rapportées ici ou là par les historiens, d'un « amas de petits faits » (CN p. 353), elle a su tirer la substance nécessaire pour donner corps à son personnage et pour étoffer le plan historique. Le fait qu'ils soient plausibles fut leur critère d'intégration. Plus encore : là où l'histoire n'a pas de réponses, pas de preuves, pas de certitudes, la romancière apporte les siennes, qui relèvent de la sensibilité personnelle, de la puissance créatrice. Cette recréation d'un empereur et de son époque est d'autant plus grandiose si l'on admet que l'*Histoire Auguste* (principale source de l'histoire romaine), selon des hypothèses récentes, apparaît aujourd'hui comme une « mystification littéraire que Marguerite Yourcenar n'a pas décelée[1] ». Un auteur unique (et non six écrivains comme le veut la tradition) aurait écrit cet ouvrage, en mêlant le vrai et le faux. Toutefois, dans un essai consacré à l'*Histoire Auguste*, en 1958, Yourcenar en dénonce les faiblesses et les limites, et fait allusion à la probabilité d'une « quasi totale imposture » aux yeux des érudits, preuve d'une lecture critique et consciente[2]. Mais peu importe : du point de vue de la fiction, l'œuvre de Marguerite Yourcenar conserve sa force. Son projet n'était pas d'écrire un ouvrage historique et érudit, mais d'utiliser l'érudition — aussi contestable soit-elle — pour en tirer la stimulante substance nécessaire à la recréation d'un personnage par l'imagination.

> L'*Histoire Auguste* est, dit-elle, d'une lecture bouleversante ; elle nous passionne autant, et davantage parfois, que l'œuvre d'historiens plus dignes de confiance et d'admiration[3].

1. Voir Jean-Pierre Bigel : « Portrait historique d'Hadrien », in *Analyses & réflexions sur Marguerite Yourcenar, Mémoires d'Hadrien*, Ellipses, 1996, p. 36.
2. « Les visages de l'Histoire dans l'*Histoire Auguste* », in *Sous bénéfice d'inventaire*, Idées / Gallimard, 1978, p. 11 et 19.
3. *Ibid.*, p. 20.

II. L'ŒUVRE À LA LOUPE

A. Résumés et commentaires

Animula vagula blandula

p. 11-28 Hadrien, malade, relate la visite à son médecin qui lui propose de nouveaux traitements et tente de le rassurer. Mais l'empereur ne s'y trompe pas et a pleinement conscience de sa mort prochaine. Cette lucidité l'entraîne à dresser l'inventaire des renoncements auxquels il doit se plier. Face à la nourriture, le renoncement d'Hadrien exige moins d'efforts, en raison de sa sobriété naturelle. Il exprime son dégoût des festins romains, sa préférence pour la frugalité grecque. Il raconte aussi ses diverses expériences d'abstinence, au nom de la philosophie ou de la religion. Abordant ensuite la question des « voluptés de l'amour », l'empereur, à l'encontre des cyniques et des moralistes qu'il critique, insiste sur le bouleversement de l'âme et du corps et sur l'accès à la connaissance de l'autre et de soi-même. Mais il ne se présente ni comme un séducteur, ni comme un amateur de débauche. Enfin, le sommeil, dernier des renoncements, est un « bonheur qui [l'] abandonne », dont il fait l'éloge, dans ses formes les plus variées.

Les profils de la mort : le thème de la mort est obsessionnel dans l'œuvre. Il ouvre et clôture le récit, faisant l'objet d'une méditation constante chez Hadrien. Présente dès les premières lignes, la mort est associée à la maladie, explicitement montrée comme « mortelle ». Cet adjectif témoigne de la **lucidité** d'Hadrien face à son état. Son ultime sagesse est d'accepter sa fin prochaine, sa seule interrogation est l'incertitude du moment. De façon plus large, on constate que **la mort participe pleinement de la vie d'Hadrien** : l'énumération des formes de mort auxquelles il échappera sont l'indice de la fréquentation habituelle avec ce phénomène à l'époque romaine. Plus singuliers sont les jeux volontaires avec la mort, auxquels s'est livré l'empereur par goût de l'expérience philosophique ou religieuse. Plus douloureux enfin sont le souvenir d'une chasse vécue comme la « plus ancienne expérience de la mort », et celui de la disparition de l'être aimé, « mort jeune ».

Mais surtout, la mort apparaît ici comme un **mode de connaissance** : Hadrien analyse les analogies qu'elle présente avec l'amour et le sommeil (dépouillement, allégement). Au fil de sa réflexion, la prise de conscience initiale et personnelle (« je commence à apercevoir le profil de ma mort ») se transforme en une vue plus générale : « [...] je commence à connaître la mort. » Le passage du déterminant possessif à l'article de généralité est significatif du mode de pensée d'Hadrien qui, sa vie durant, ira sans cesse de l'individuel à l'universel.

Le thème du temps accompagne celui de la mort et préoccupe tout autant le narrateur. L'idée de la réduction de la vie entraîne une vision mathématique du temps, où pointe le tempérament calculateur de l'empereur : « mes jours sont comptés » ; « mon temps se mesure désormais en unités beaucoup plus petites ». À cela s'ajoute l'image de l'altération (« le corps d'un homme qui avance en âge » ; « quelques secrets qui déjà s'émoussent dans mon souvenir ») qui installe d'emblée le texte dans **la loi du « temps Dévorateur »** dont l'empereur est hanté.

Les souvenirs aussi tiennent une place importante. Les références au passé assurent la construction du chapitre, dans un désordre affectif qui va des souvenirs de l'empereur à ceux de l'enfant, qui rappelle la jeunesse et expose la vieillesse, ne répondant à aucune autre chronologie que celle du cœur et des plaisirs. Ainsi, le lecteur rentre-t-il dans **le labyrinthe de la mémoire** qui restitue le vécu d'Hadrien et confère au récit sa portée autobiographique.

L'inventaire des renoncements : caractéristique est la technique de l'inventaire dans le roman[1]. Ici, il s'agit de l'énumération de tous les renoncements que la maladie impose à Hadrien. Leur ordonnance n'a d'autre hiérarchie que celle qui mène de l'action et la mobilité à la méditation et à l'immobilité. Cet inventaire est aussi une façon de **reconstruire le temps** : à chaque renoncement correspond une « portion » de la vie d'Hadrien, une évocation dans le passé. Il est le signe de la rétrospection tout autant que de l'introspection : en quelque sorte, cette liste constitue **un avant-portrait** de l'empereur, et évoque certains des épisodes majeurs de sa vie passée, revue et analysée avec le recul de l'expérience.

p. 29-35 Hadrien donne à présent pour but à sa lettre de raconter sa vie d'homme, son expérience d'empereur et poursuit une intention plus intime qui est la connaissance de soi. Selon lui, une existence ne peut être analysée à la lumière des livres ou en observant autrui. Cependant, l'observation de soi-même est une nécessité qui l'amène à constater la difficulté de cerner sa propre vie. Son passé lui semble composite et désordonné, ses actes ne sont pas à l'image de sa personnalité profonde. Hadrien se forge une chronologie et un espace personnels, en désaccord avec son parcours officiel. Globalement, sa vie représente une somme de contrastes et de hasards. Il reconnaît cependant qu'il est humain de « rechercher les sources » et, à défaut, de se tourner vers tout autre outil de connaissance ésotérique*.

Le projet d'écriture évolue : si le statut de lettre est encore présent dans le premier paragraphe de ce chapitre (à travers l'abondance des indices personnels représentant Marc Aurèle), il s'efface peu à peu devant les nouveaux objectifs définis par Hadrien. Simple « délassement » de malade au départ, **le projet vise**

1. Voir « Approches thématiques », p. 71.

la connaissance de soi. Entre ces deux pôles, l'intention de servir d'exemple à son futur successeur et de « l'instruire » devient un simple relais pour justifier l'écriture de soi. Le passage du pronom personnel objet de la deuxième personne à celui de la première personne confirme la visée personnelle du narrateur (« te raconter », « t'instruire », « te choquer » ; « me définir », « me juger », « me mieux connaître ») et engage **le traditionnel « pacte autobiographique »** avec le lecteur, fondé sur l'exigence de sincérité, le souci de vérité, la valeur de l'expérience. Hadrien se constitue ainsi comme sujet et objet de l'écriture qui mène du récit de sa vie à l'analyse intérieure.

L'observation de soi est considérée par Hadrien comme une entreprise difficile mais nécessaire. Il prend douloureusement conscience de l'aspect « informe » de sa vie, d'une absence de structure dans son déroulement, en contradiction avec son tempérament de bâtisseur qui a toujours cherché à ordonner le monde et sa propre existence. Le langage métaphorique souligne cette constatation : le vocabulaire de la matière minérale, l'image de la fluidité, le champ lexical du fluctuant symbolisent le caractère « composite » et l'aspect insaisissable du « paysage de [ses] jours ».

Le passé est recomposé. Temps et lieux vécus sont revisités en fonction d'une chronologie spécifique à Hadrien. Ainsi, sa vie ne s'inscrit pas dans une chronologie réelle ou officielle, mais dans celle du cœur et des choix de l'esprit, qui confère à des lieux et des instants privilégiés la sublimation qui leur revient. Déjà se profilent dans ces premières pages l'image dominante d'Athènes, la ville aimée entre toutes, et la fascination pour l'Orient. Également, l'échelle des valeurs qui hiérarchise les actes et les expériences est elle-même reconstruite selon le point de vue singulier du narrateur. Il s'agit donc pour lui d'élaborer une œuvre intime qui se plie à son désir de construction personnelle, de **recomposition affective**, véritables outils de son unité intérieure.

Varius multiplex multiformis

p. 39-54 Hadrien retrace sa généalogie familiale, depuis son grand-père Marullinus. À douze ans, il est orphelin de père et quitte définitivement sa mère. Il constate que sa famille vit plutôt en retrait de son époque, dédaignant les auteurs à la mode et ignorant l'hellénisme et l'Orient. Il vient ensuite à parler de lui-même et examine sa formation intellectuelle où les livres et la poésie tiennent une place privilégiée. Mais c'est dans l'étude du grec qu'il faut chercher le fondement de sa personnalité, ainsi que les sources de la culture et les modèles du comportement des hommes. À seize ans, conquis par Athènes où il va poursuivre ses études, le jeune homme se passionne pour les mathématiques, les arts et la médecine. De l'enseignement donné par Léotichyde, il acquiert « la méthode ».

Il s'intéresse aux changements politiques qui s'amorcent, autour de la fin du règne de Domitien et quitte Athènes pour Rome, creuset de l'activité politique et des réalisations personnelles où il est nommé juge chargé des litiges d'héritages. Il s'applique à sa tâche et s'efforce de s'adapter au mode de vie romain. Il élabore une technique d'écoute des plaideurs, et prend conscience de sa différence et de sa supériorité sur les autres, fondées sur l'exercice permanent de la liberté, dans tous les domaines.

Le point de départ chronologique de la vie d'Hadrien se situe dans ce chapitre. Le peu qu'il dit de son enfance se rattache à la **figure protectrice et initiatrice de l'aïeul**. Partant, il livre quelques clefs de sa personnalité (le goût pour l'astrologie, celui des « expériences dangereuses » et même une manie vestimentaire). Il ne met qu'au deuxième plan son propre père, homme médiocre et sans relief, dont il donne un portrait dépréciatif (abondance de caractérisations négatives, lexique privatif). La longueur des évocations de chaque membre de la famille est significative de l'intérêt que leur accorde Hadrien et révèle la hiérarchie des sentiments en nombre de pages, le grand-père domine, puis viennent dans un même paragraphe le père et la mère d'Hadrien (mais avec un nombre de lignes inégal) et enfin la sœur Pauline, évoquée en une ligne. Hadrien porte ici un regard critique sur cette **famille passéiste** en soulignant l'ignorance des uns (le père, les oncles), l'effacement vertueux des autres (la mère, la sœur) et l'influence durable du seul membre lui ayant transmis un savoir : le grand-père.

Aux sources du savoir, il y a l'école et les livres, véritables patries d'Hadrien. Ce choix de l'intellect lui permet de renier du même coup sa patrie officielle, donc son berceau familial, Italica. Tout lui est profit : il voit dans les querelles des maîtres tyranniques et bornés dans leurs savoirs une sorte de préfiguration des rapports sociaux. La grammaire lui apparaît comme un modèle de tous les systèmes codifiés. L'étude est moins un instrument d'apprentissage intellectuel qu'un moyen de mieux connaître les autres. **Son goût pour l'hellénisme s'avère un mythe fondateur du personnage** : dès cette période se construit la légende d'Hadrien, dit « le Grec ». Tout le chapitre exprime l'éloge du grec (langue, pensée, culture), mode de pensée intérieure : « C'est en grec que j'aurai pensé et vécu », dit l'empereur. Ceci explique également la **différence** d'Hadrien et la méfiance dont il sera l'objet de la part de Trajan puis de ses sujets.

p. 55-59 Hadrien effectue ses débuts militaires en tant que tribun, ce qui lui vaut de nombreux déplacements et détermine son goût du voyage. L'empereur Domitien venant d'être assassiné, Nerva lui succède et adopte Trajan[1]. La

1. Dans l'Antiquité romaine, la succession impériale se fait en désignant, par le procédé de l'adoption, celui qui héritera de l'empire.

politique de conquêtes que celui-ci annonce amène Hadrien à prendre ses distances avec les pratiques des hommes de guerre et à se consacrer à la tâche diplomatique. Il découvre de nouvelles contrées, « barbares » et infinies, qui enrichissent sa rêverie de l'ailleurs.

Le rêve de l'ailleurs se traduit par le goût d'Hadrien pour le voyage, présent dès l'ouverture du chapitre, à travers le récit vif de ses déplacements successifs : les verbes d'action se multiplient (« je partis », « je fus transféré », « je m'embarquai »), associés aux indications climatiques à valeur chronologique. Hadrien se révèle sensible à la diversité des découvertes : celle des hommes, les « barbares » auxquels il s'intéresse, ce qui justifie ses théories diplomatiques ; celle du climat, (« le véritable hiver ») qui l'émerveille, comme le traduit le langage poétique adopté (comparaisons, images) ; celle de la nature de la terre scythe, féminine, infinie, qui nourrit son rêve de l'ailleurs. **La rêverie cosmique** qui clôt le chapitre est une constante de la personnalité d'Hadrien, témoignant de son esprit d'ouverture, de son appétit de découverte, de son idéal de liberté et creusant plus encore l'écart avec le mode de vie de ses ancêtres, « sagement confinés dans leur terre du Latium ».

p. 60-67 Lorsque la mort de Nerva est annoncée, Hadrien, qui est alors en Gaule, décide aussitôt d'en informer Trajan ; mais son beau-frère Servianus tente de le concurrencer en lui tendant une embuscade et en dépêchant un de ses propres courriers. Malgré tout, Hadrien atteint son but et Trajan le garde à ses côtés. Suit un portrait moral de Trajan où dominent les qualités militaires de « l'empereur-soldat » et qui renvoie le sentiment de défiance que Trajan a d'Hadrien. Celui-ci fait ses premières armes sur le terrain, et par goût des expériences difficiles accepte d'être initié au culte de Mithra. Faisant ensuite son autoportrait, il énumère les rôles qui composent sa personnalité. Il montre qu'en définitive Trajan estime son courage et que lui-même trouve à l'empereur des qualités. Cette réconciliation finale est symbolisée par le don de l'anneau de Nerva que Trajan offre à Hadrien, ainsi désigné comme futur successeur.

Sur le plan militaire, l'attitude d'Hadrien est paradoxale : opposé par conviction à la guerre, il en retire néanmoins une certaine « ivresse » ou « exaltation » (termes récurrents dans ce chapitre). L'armée le conforte dans son désir de pacification, de conserver une certaine liberté d'action et de prouver ses compétences et son utilité. Hadrien met ainsi à profit son expérience militaire pour en dégager la politique qui sera la sienne plus tard. Derrière les « actions d'éclat » du jeune officier (du reste guère mentionnées dans le chapitre, à l'exception d'une seule, p. 65), la réflexion prime, le futur empereur, en pensée, s'installe.

Portraits croisés. Qui est Trajan ? Un homme de guerre essentiellement, dont Hadrien souligne en termes élogieux l'habileté (« grand spécialiste », « génie »...). Cotuteur d'Hadrien, il exerce une autorité paternelle, et se soucie du comportement et de l'avenir de son cousin. Le lexique rend compte de cette préoccupation de père (« indignation », « mes dettes le scandalisaient », « l'inquiétaient », « surveiller ») et parallèlement révèle en Hadrien le rôle du fils révolté. Leur rivalité éclate à propos d'une anecdote qui les réunit pourtant, sur le plan sentimental : tous deux sont attirés par le même « beau visage ».

En outre, **le portrait de Trajan éclaire celui d'Hadrien** : Trajan décèle en lui un jeune ambitieux « plein d'avenir », « trop frotté de littérature ». L'autoportrait d'Hadrien confirme cette vision. En utilisant métaphoriquement le vocabulaire du théâtre, il énumère ses différents rôles de « personnages » positifs ou négatifs. La conjonction « mais » traduit les dualités de son caractère et souligne en même temps le jeu de stratégie auquel il se complaît.

p. 68-72 Hadrien s'affirme sur la scène politique, et voit grandir sa popularité qui s'accompagne de transformations physiques : il se donne l'allure grecque (barbe des philosophes et simplicité vestimentaire). Son discours sous la pluie lui vaut un rhume, symbole d'une destinée impériale aux yeux de la population. Il bénéficie du soutien constant de l'impératrice Plotine. Grâce à elle, il obtient de rédiger, et parfois de lire les discours de Trajan. Il accepte le mariage arrangé qu'elle lui propose avec la petite-nièce de Trajan, contre la volonté de celui-ci. Tout ceci crée des relations ambivalentes (confiance / antipathie) avec l'empereur qui juge Hadrien suspect parce que « techniquement irréprochable ». De son côté, Hadrien n'apprécie guère ceux qui gravitent dans le sillage impérial, en raison de leur superficialité ou de leur grossièreté. Mais il se comporte avec eux en parfait courtisan, encore une fois soucieux de son intérêt personnel.

Progressivement **Hadrien se construit**. D'abord en adoptant physiquement la « courte barbe des philosophes grecs », ce qui est une façon de s'identifier à la culture qu'il préfère. De même, la perte de la peur de déplaire, le dépouillement vestimentaire, traduisent une évolution certaine de sa personnalité. Ensuite, en cultivant son goût du calcul, qui l'amène à jouer des rôles, à se rendre utile, à se marier par intérêt. En fait, il apprend le métier d'empereur, comme en témoignent les discours qu'il rédige pour Trajan et qui lui permettent de se substituer, le temps d'une lecture, à l'empereur. La fin du chapitre insiste sur le jeu de la versatilité* auquel il se livre, par des effets de parallélisme et d'opposition : « déférent envers les uns, souple aux autres » ; « habile, et pas trop habile » ; « multiple par calcul, ondoyant par jeu ».

> **p. 73-78** Hadrien relate et justifie ses adultères qui l'amènent à percer les secrets de l'univers féminin. Il décèle dans leur comportement le goût du factice et de la mise en scène. Tel un voyeur, il épie la double vie de ses maîtresses. Deux d'entre elles ont marqué sa mémoire : l'une parce qu'elle symbolise l'esprit matérialiste et l'existence routinière des femmes « dès que l'amour n'y joue plus » ; l'autre, parce qu'elle était différente et pour cela, « délicieusement aimée ».

Cet unique chapitre où Hadrien parle des femmes, condense en peu de pages **la période des amours féminines**. Celles-ci représentent non seulement un plaisir esthétique mais aussi des conquêtes utiles, en ce sens qu'elles permettent à Hadrien de se « familiariser » avec les femmes, de comprendre leur psychologie, de recueillir « certains récits indiscrets ». La condition féminine, vue par Hadrien, se résume à trois aspects : l'artifice, souligné par l'abondance du lexique de la dissimulation et par les références aux techniques du théâtre, des jeux de scène ; la duplicité évoquée par les « portes entrebâillées », le matérialisme, exprimé par le thème de l'argent.

> **p. 79-82** Des incursions sarmates se produisent pendant les fêtes consacrées au triomphe de Trajan. Chargé d'y faire face en tant que général, Hadrien constate que face aux ennemis et aux pillards, l'armée manque de moyens humains et matériels efficaces. Redoutant par ailleurs une révolte paysanne, il prend des mesures d'austérité et invente le culte de la Discipline Auguste. Il purge les rangs de soldats et de fonctionnaires par des renvois, voire des exécutions. Les rigueurs du climat, associées à la barbarie guerrière augmentent le nombre des victimes. Le suicide d'un chef sarmate avec toute sa famille provoque l'écœurement d'Hadrien ; l'ordre règne de nouveau mais Hadrien a vieilli moralement.

Les atrocités guerrières mettent Hadrien physiquement et moralement à l'épreuve. Ce chapitre est dominé par la **forte présence de la mort** : sacrifices festifs, morts violentes, climat pernicieux, exécutions nécessaires… Les massacres de fauves et de gladiateurs, pour coutumiers qu'ils fussent à l'époque romaine, sont mal perçus par Hadrien qui en renforce l'horreur par le vocabulaire (« massacres », « égorgement méthodique ») et par les précisions chiffrées (« douze mille », « dix mille »). Il passe malgré lui (cf. la forme passive « j'y fus envoyé ») du « mauvais lieu de la mort » qu'est Rome à celui des affrontements sanguinaires. La phrase « Elle dura onze mois et fut atroce » accentue par sa brièveté lapidaire la tonalité tragique du chapitre. Le champ lexical de la mort violente caractérise autant les actions sarmates que celles des Romains. L'hiver est aussi présenté comme un ennemi : l'énumération des participes passés

(« pris », « emportés », « déchirés », « gelés ») met en relief son action nocive sur les hommes.

Tout ceci aboutit à une **évolution de la perception de la mort** chez le personnage : la guerre, présentée comme imposée à Hadrien au début du passage est définitivement rejetée à la fin : le lexique du dégoût (« écœurement », « dégoût », « horrible paquet »), le sentiment de regret (« je regrettai ») indiquent les conséquences de l'épreuve morale, qui engagent Hadrien sur une autre voie que celle de l'action guerrière.

Une conception méthodique du pouvoir émerge de ces pages sombres. C'est ce qu'Hadrien désigne par la Discipline Auguste, fondée sur une armée plus technique, un choix raisonné des hommes. L'autre voie, vers laquelle il se tourne, est celle de la diplomatie (« je réussis à traiter »), de la conciliation. Il se présente dès lors sous l'image qui sera la sienne pendant son règne : celle d'un homme de réflexion, à la fois **stratège et diplomate**.

p. 83-88 Œuvrer pour la paix, mais à l'insu de Trajan, est désormais la tâche qui préoccupe Hadrien durant son premier consulat. Appuyé par de fidèles partisans, il s'oppose à la politique de conquête de l'empereur, critique les désordres économiques engendrés par les guerres, et juge dispendieuse et dangereuse l'extension de l'empire. Seules les guerres défensives lui paraissent souhaitables. La mort d'un conseiller privé de Trajan, hostile à l'expansionnisme impérial et favorable aux vues pacifistes d'Hadrien prive celui-ci d'un allié sûr mais le pousse à être son continuateur. En même temps qu'augmente le nombre de ses partisans, le clan des ennemis grossit. Lucius Quiétus est décrit comme le principal adversaire. Promu gouverneur de Syrie, Hadrien s'accorde quelques mois de loisirs en Grèce ; il y observe les dégâts commis par les guerres romaines mais constate la pérennité de l'esprit grec. Transmettre au peuple romain cet esprit grec, tout en assurant la paix nécessaire, devient un objectif supplémentaire pour Hadrien.

Les promotions d'Hadrien (gouverneur puis légat aux armées) lui permettent de s'imposer comme personnalité officielle du régime : « Mon point de vue commençait à compter », estime-t-il avant de reconnaître que ce qui importe pour lui, c'est le pouvoir. Les métaphores « cheminements tortueux », « avenues du pouvoir », associent la part des difficultés aux perspectives d'un avenir qui s'élargit. Celui en qui Trajan voyait « un jeune tribun plein d'avenir » (p. 62) poursuit son **ascension vers la fonction suprême**. Ce qui n'est pas sans compromis : « J'hésitai quelque temps, puis j'acceptai. » Le balancement rythmique de la phrase, l'emploi du passé simple soulignent une fois encore l'attitude stratégique du personnage qui vise un rôle de modérateur. Mais en marge de ces promotions, il est un honneur « accepté avec la joie la plus pure » : celui « d'archonte » à Athènes, symbole d'intégration dans la civilisation hellène.

La volonté de paix sous-tend ce chapitre, contrastant ainsi avec le précédent. Les connotations guerrières des termes « campagne », « lutte secrète » sont mises ici au service de l'idée de paix. Les affrontements auxquels se livre Hadrien concernent non des peuples, mais des individus aux idéologies opposées, à commencer par l'empereur lui-même. On assiste parallèlement à une extension de l'influence personnelle d'Hadrien.

L'idéal grec représente une mission fondamentale pour Hadrien qui décide de s'engager personnellement aux côtés du peuple grec : « Je me promis de veiller sur le dieu désarmé. » On remarque que dès qu'il s'agit de la Grèce, le récit, comme le personnage, semble touché par la grâce ; il n'est question que de « travaux et délices faciles », « promenades », « contact amical avec le marbre nu », d'un « air de flûte », de l'« odeur de miel chaud »... Le retour en Grèce révèle le besoin de se ressourcer, dans une **atmosphère idyllique, de douceur et de sérénité**, que l'évocation des crimes de guerre rend plus émouvante, plus fragile : « les traces de nos crimes », le « rapt de statues », « la Grèce appauvrie ». Néanmoins, persiste une mentalité inchangée dont l'équilibre et la perfection sont soulignés par la construction ternaire et le vocabulaire valorisant : « grâce pensive », « subtilité claire », « volupté sage ». L'éternité : n'est-ce pas le critère qui séduit Hadrien ici, un défi au temps qui sera plus tard son combat quotidien ?

p. 89-106 Trajan rejoint Hadrien à Antioche (Syrie) pour surveiller les opérations militaires contre les Parthes. De son côté, Hadrien envisage sombrement l'avenir, ce que confirme le tremblement de terre annonciateur d'autres catastrophes : le massacre des chrétiens, le mécontentement populaire. Il observe sur l'empereur les effets négatifs du vieillissement : aptitudes et qualités morales en baisse, goût des plaisirs grossiers, abus du vin. Il s'enlise dans le rêve d'annexer l'Asie à Rome et tarde à désigner son successeur, ce qui inquiète Hadrien. Celui-ci bénéficie du soutien précieux de l'impératrice Plotine et d'Attianus, son conseiller privé. Encouragé par les victoires des campagnes suivantes, Trajan poursuit ses avancées en Orient, à tel point qu'Hadrien semble y croire et souhaite retrouver une fonction militaire. Mais voilà que l'Orient se révolte de tous côtés, entraînant de lourdes pertes humaines. Trajan, malade, s'obstine dans cette guerre tandis qu'Hadrien, accablé, s'accroche à l'idée du pouvoir et, préoccupé par l'inconnue qui pèse sur sa vie, interroge les oracles et les astres. À son retour, le vieil empereur pleure sur son rêve brisé et continue à différer la question de sa succession. Hadrien, certes trop différent de Trajan, estime pourtant être le seul à avoir l'étoffe d'un chef d'État. Nommé commandant en chef, il profite de ce pouvoir pour traiter secrètement avec l'ennemi. Trajan meurt enfin à Sélinonte et

Hadrien, désigné comme héritier, voit se réaliser un rêve de dix ans, qui lui permettra de s'occuper sereinement du « reste des hommes ».

Le portrait élogieux de Plotine tient une place privilégiée dans ces pages, où il figure comme une parenthèse sereine au milieu des déchirements des hommes. Hadrien partage avec elle une complicité intellectuelle, marquée par l'emploi du pronom personnel pluriel et la répétition de « même » : « Nous étions d'accord presque sur tout » ; « notre entente se passa d'aveux » ; le parallélisme de la phrase « nous étions du même milieu ; nous avions à peu près le même âge » annonce les rapprochements entre les deux personnages. Le vocabulaire mélioratif, renforcé par les comparatifs de supériorité et les superlatifs, décrit les qualités de l'impératrice, en quelque sorte **double féminin d'Hadrien,** par sa manière de vivre et de penser. Par sa lucidité, sa perspicacité, et surtout par son silence et par son influence, elle s'impose comme une figure protectrice qui veille aux intérêts d'Hadrien.

Crises et tensions rythment le récit. Dans les rapports entre les personnages d'abord, puis dans la conscience personnelle de chacun d'eux. Au-delà des affrontements entre l'armée romaine et le continent asiatique, on assiste à un conflit direct entre Trajan et Hadrien, entre l'empereur âgé qui va vers la mort (la description insiste sur sa dégradation physique et intellectuelle) et refuse de céder le pouvoir, et l'homme de quarante ans, rongé par l'ambition, dont le destin n'est pas encore fixé et qui veut obtenir à tout prix le pouvoir au nom de deux idéaux : accomplir la rénovation politique, se réaliser personnellement.

Par ailleurs, Trajan et Hadrien vivent chacun une **crise intérieure, existentielle** : le premier, par la perspective de la mort, l'enfermement dans des songes « beaux » mais utopiques, le besoin de conquérir toujours, prend une dimension pathétique* ; quant à Hadrien, il connaît les doutes et les inquiétudes de l'attente. Les erreurs de Trajan décuplent son désir de changer les choses. La construction du chapitre rend bien compte de cet effet d'attente, de cette interminable passation de pouvoir : les portraits de Trajan et de Plotine, les réflexions et analyses personnelles d'Hadrien suspendent le déroulement narratif. On suit Hadrien dans son impatience, et les tensions entre les personnages augmentent le suspense chez le lecteur. Finalement, la question de la succession et donc le sort d'Hadrien sont réglés en moins de vingt lignes, dans un enchaînement rapide d'événements, de messages.

La phrase de clôture éclaire toute la finalité de l'ambition d'Hadrien : la forme négative relègue la propre vie d'Hadrien dans le passé, tandis que la forme affirmative, tournée vers futur, révèle que **l'accession au pouvoir devient une libération, une ouverture vers l'humanité.**

Tellus stabilita

p. 109-116 Il incombe désormais à Hadrien de remettre en ordre l'empire. Les débuts de son règne oscillent entre guerre et paix, entre les tâches guerrières nécessaires et les premiers actes de pacification et de négociation. La reprise du commerce avec l'Inde amorce aussi les échanges culturels entre les peuples. Soucieux de la paix, Hadrien se fait médiateur dans le conflit entre les Grecs et les Juifs. Pour symboliser l'abandon de la politique de conquête, il ordonne des funérailles nationales pour Julius Bassus, victime des expéditions guerrières de Trajan. Mais il souhaite aussi terminer la guerre sarmate. Quiétus, son redoutable adversaire, tente de le tuer dans un « accident » auquel il échappe, puis s'associe avec un autre opposant, Palma, menaçant ainsi le règne d'Hadrien. Celui-ci appelle Attianus pour « agir » : le fidèle protecteur fait assassiner les ennemis d'Hadrien. L'empereur le destitue de son poste de préfet du prétoire, avant de l'installer, quelques mois plus tard, au Sénat. Hadrien le considère malgré tout comme une de ses « victimes ».

C'est **dans l'art de gouverner** que réside désormais la vraie vie d'Hadrien, autour de trois principes essentiels : d'abord, l'abandon de la politique de conquête, qui n'exclut cependant pas les répressions militaires nécessaires, fondées sur la notion d'ordre. Ensuite, « l'œuvre de pacification », qui s'inscrit dans une ligne de conduite mieux définie : « la paix était mon but, mais point du tout mon idole » ; « j'acceptais la guerre comme un moyen vers la paix si les négociations n'y pouvaient suffire ». Guerre ou paix : tout est affaire de circonstances, de tactique. Enfin, conséquence des deux précédents, la diplomatie est le troisième principe d'Hadrien, homme de parole, qui veut conquérir par le discours et non par la force : cette idée se manifeste dans le vocabulaire : « négociations », « entregent », « pourparlers », « arbitrée » et à travers le marathon diplomatique visant à concilier les Grecs et les Juifs.

L'image du corps pour décrire l'empire, parcourt le premier paragraphe : les outils comparatifs et les métaphores mettent en évidence l'analogie entre le fonctionnement du corps humain et le monde, régie ici par la maladie (« convulsions, fièvre »). De ce corps malade, Hadrien est le « médecin se décidant pour le cautère après avoir essayé des simples ». L'image du corps offre au personnage la possibilité d'une **projection objective** sur le monde ; c'est aussi un moyen de se l'approprier, pour mieux en maintenir l'équilibre, que traduisent les parallélismes et les constructions ternaires :

> J'essayai de démontrer aux Grecs qu'ils n'étaient pas toujours les plus sages, aux Juifs qu'ils n'étaient nullement les plus purs ; chaque heure d'accalmie… / chaque dispute arbitrée… ; puisque la haine, la sottise, le délire ont des effets durables, je ne vois pas pourquoi la lucidité, la justice, la bienveillance n'auraient pas les leurs.

Premier écueil : « Tout passage d'un règne à un autre entraîne ses opérations de nettoyage » : c'est ainsi qu'Attianus justifie l'assassinat des quatre consulaires. Quel paradoxe pour Hadrien qui voulait un règne « modéré, exemplaire » ! C'est aussi la **première atteinte à l'image de marque** du nouvel empereur, qui craint « une banale légende de tyran » et « le plus noir des retours à Rome ». Hadrien regrette moins ces assassinats que l'idée de ne pas être estimé à sa juste valeur, que l'inadéquation de son apparence avec son être profond.

p. 117-123 Malgré les quatre assassinats, les Romains admirent Hadrien et louent ses qualités de douceur et simplicité. L'empereur refuse tous les titres honorifiques, préférant la recherche d'un prestige plus personnel. Accusé de peu aimer Rome, il répond par un éloge de la ville dont il apprécie l'architecture, les saisons contrastées et la diversité des races. Visant à plaire au peuple, il se mêle à lui, adopte un comportement exemplaire et stoïque, s'efforçant même d'assister aux jeux du cirque qu'il déteste. Il impose de nouvelles règles sociales, fondées sur la distinction entre la morale et la décence. Heureux de retrouver sa famille (hormis sa femme) et ses amis, il constitue par ailleurs son entourage impérial. Sa vie privée est marquée par la rencontre de Lucius, qui sera son favori durant six mois. Pressé de quitter Rome pour réaliser ses grands projets, Hadrien offre auparavant une célébration posthume à Trajan, cérémonie durant laquelle ses rêves aspirent au divin.

À l'ordre revendiqué dans le chapitre précédent s'oppose logiquement la « haine du désordre ». D'où la nécessité pour Hadrien de mettre en place un **projet social**, rétablissant la hiérarchie des valeurs entre la morale, « convention privée », et la décence, « affaire publique ». On mesure la volonté du despote par la récurrence du verbe faire au passé simple, pour insister sur l'exécution des mesures prises : « je fis enlever », « je fis fondre », « je me fis une règle », « je fis souffleter », « je fis réduire ». Hadrien est à présent tout entier dans l'action de gouverner.

Le projet social se double d'un **projet personnel** (« devenir » ou « être » Hadrien) qui consiste d'abord à refuser les titres honorifiques et le triomphe. Ensuite à faire peau neuve : « Je me débarrassais de certaines délicatesses. » Enfin à adopter une attitude stoïcienne, soulignée par le lexique : « j'appris à supporter », « je m'obligeais à goûter », « j'apprenais », « l'effort de l'endurer ». Hadrien souhaite surtout **montrer qui il est réellement**. C'est pourquoi il dénonce les jugements que porte sur lui l'opinion populaire, représentée par les pronoms indéfinis « on ». Il constate un hiatus entre sa personne publique et sa personnalité réelle. « J'étais le même homme qu'autrefois », affirme-t-il.

L'entourage impérial (amis, « collaborateurs nouveaux ») se met en place. L'absence de l'épidermique Sabine est largement compensée par la présence silencieuse de Plotine. Le portrait du favori Lucius s'inscrit dans le temps : en deux paragraphes, Hadrien juxtapose les images correspondant aux différentes « phases de la rapide existence » de son favori, dont les représentations esthétisées tapissent la mémoire intime du cœur.

À ce stade du récit, s'affirment les principaux axes de l'œuvre impériale d'Hadrien. À sa façon, n'illustre-t-il pas l'idéal qui, bien plus tard, sera celui de Baudelaire :

> Là, tout n'est qu'ordre et beauté,
> Luxe, calme et volupté.

> **p. 124-149** Hadrien rêve de l'expansion universelle de Rome pour inscrire la cité dans une perspective d'immortalité. Il se donne pour tâche de réorganiser l'empire et d'améliorer la condition humaine, à travers un programme idéologique étayé par une réflexion humaniste. Assouplissement des lois, amélioration de la condition des esclaves, élargissement du droit des femmes, réduction des déséquilibres économiques, réforme de l'armée et de l'esprit militaire, création d'une bureaucratie nouvelle et efficace : telles sont les grandes lignes de sa politique impériale. Hadrien expose et analyse ensuite ses choix personnels, tels que son goût du voyage, de l'architecture, de la statuaire. Il a appris à reconsidérer l'art du portrait depuis la mort de son favori. Une méditation sur l'idéal esthétique et la notion d'humanité, autour desquels doit s'organiser le monde pour Hadrien, clôture le chapitre.

L'idéal universel d'Hadrien s'appuie sur une vision expansionniste de Rome, représentante d'un idéal civilisateur qui pourrait « convenir à toute la terre ». Le pluriel « d'autres Romes », l'idée de la reproduction de Rome dans d'autres métropoles, donnent à la cité éternelle un statut matriciel, corroboré par la référence aux « déesses-mères des cultes d'Asie ». « L'unité d'une conduite humaine, l'empirisme* d'une expérience sage » : telles sont les vertus romaines qui, selon Hadrien, sauront unifier les diversités géographiques et culturelles du monde.

Parce qu'il est pétri d'humanisme grec, **Hadrien s'intéresse à l'homme**, à sa condition de vie, et à sa situation dans les rapports sociaux. Dans l'art de gouverner qu'il expose dans ces pages, l'amélioration de la condition humaine, par un système juridique et économique plus juste, tient une place prépondérante. L'exemple de l'esclave de Tarragone a une valeur universelle aux yeux de l'empereur : « La plupart des hommes ressemblent à cet esclave : ils ne sont que trop soumis » (p. 128). Le lexique de la soumission, abondant dans le chapitre, montre une prise de conscience de la limitation ou de l'absence de liberté individuelle, valeur fondamentale chez Hadrien, ce qui justifie sa volonté de l'élargir.

Le nomadisme s'avère le mode de vie privilégié d'Hadrien : il se manifeste dans la diversité des lieux et des types d'habitation, et par un art de voyager où vitesse et légèreté se combinent. Se situant dans la lignée des grands voyageurs de l'Antiquité, Hadrien se définit comme un « Ulysse sans autre Ithaque qu'intérieure ». Il exprime par là sa disponibilité au monde, sa capacité profonde d'universalité, qui aboutit à « cet heureux accord d'une fonction, d'un tempérament, d'un monde » (p. 138). Il y a là comme une sorte de dilatation du moi intérieur, qui fait osmose avec l'espace.

« Responsable de la beauté du monde » : telle est la charge qui pèse sur Hadrien, et qu'il accomplit en tant que bâtisseur et esthète. Construire, reconstruire, ce sont des jeux avec la terre, la matière et le temps. Hadrien se perçoit comme un relais entre le passé et l'avenir : il cherche à transcender le présent, à « mettre une marque humaine », un signe esthétique, dans un monde où, contradictoirement, il ne s'installe pas, par refus de la fixité. L'idéal de beauté est présent partout : dans l'architecture, dans la sculpture, dans les portraits, comme dans les mentalités : la paix, la dignité, la culture, tout doit contribuer à « l'harmonie des sphères ».

p. 150-154 En Germanie, Hadrien veille aux grands travaux et renforce les frontières. Pendant la traversée qui le mène en Bretagne, il médite sur la théorie du chaos et de la stabilité. Il accomplit des réformes administratives et fait notamment ériger un mur de frontière entre le nord et le sud de l'île. Une Sibylle lui prédit un avenir auquel il ne croit guère. Il reprend son périple jusqu'en Gaule : à Nîmes, il projette d'édifier une basilique dédiée à Plotine. Il se rend ensuite en Maurétanie pour étouffer la révolte qui gronde avant de s'embarquer pour l'Orient où la paix est de nouveau menacée.

Hadrien entre véritablement dans **l'ère des voyages**, traversant de multiples pays et paysages. Le but de ces voyages est d'abord de poursuivre la réorganisation de l'empire, de « stabiliser la terre » conformément au titre de cette troisième partie. Mais il s'agit surtout de mettre en place un « mode de gouvernement et d'action[1] » consistant à déplacer le « centre de gravité du pouvoir », « au bord du Rhin ou sur la berge de la Tamise ». En d'autres termes, pour Hadrien, **prendre le pouvoir égale prendre l'espace**, fixer le centre du monde là où se trouve sa personne. Il n'importe pas à Hadrien de rayonner d'un point fixe, mais de multiplier les points de rayonnements tels Antioche, Londinium. Au-delà, l'empereur substitue à la politique de conquêtes des territoires menée par Trajan, une politique d'extension culturelle ; en édifiant ici ou là un mur, un monument,

1. Yves de Kisch : « Le voyage et le dépaysement », in *Analyses & réflexions sur Marguerite Yourcenar, Mémoires d'Hadrien*, Ellipses, 1996, p. 87.

il s'inscrit dans la matérialité du monde, il imprime sa marque et exporte en terre gauloise la culture romaine. Voire le modèle romain : en effet, le mur représente « un système de défense qui pourrait ensuite s'appliquer partout ailleurs ».

On remarque que les lieux parcourus sont décrits plutôt négativement (« tristes », « brouillé », « boueux », « pluvieuse ») et que l'élément aquatique y est omniprésent, sous plusieurs aspects : fleuve, océan, pluie. **La sensibilité d'Hadrien s'accorde à cette nature différente** : « j'aimais ces lieux tristes », « tout m'enchanta dans cette terre pluvieuse ». Ces paysages dont on ne perçoit pas les limites fonctionnent comme un appel à l'inconnu.

> **p. 155-165** Pour rétablir la paix, Hadrien rencontre Osroès. Malgré l'inquiétante atmosphère, il obtient avec diplomatie un accord de paix durable. Pendant ces entrevues, le suicide par le feu d'un sage brahmane l'amène à remettre en question le goût du renoncement qu'il aimait à vingt ans, sous l'influence d'Épictète, et à redéfinir ses rapports avec le divin. Considéré lui-même comme un dieu-providence et objet de culte pour ses sujets, il sent la nécessité de se conformer à son image divinisée. Il se fait initier à Éleusis et, par « curiosité des choses du ciel », se tourne activement vers l'astrologie et l'astronomie. Mais l'expérience mystique fondamentale restera, pour lui, la nuit syrienne.

L'art du dédoublement est pour Hadrien un mode de communication avec autrui. Pendant l'entrevue avec Osroès, il maîtrise l'art d'être un autre en parvenant à comprendre de l'intérieur son adversaire : il parvient à « capter cette pensée fuyante », « à orienter ses réponses ». Au point de finir par se mettre à sa place : « [...] j'entrais dans son jeu ; je m'imaginais devenu Osroès. » La même transformation intérieure se produit lorsqu'il commence à se « sentir dieu » ; dans ce sens, Hadrien s'écarte de son humanité ordinaire, ce que traduisent le passé simple du verbe commencer, et l'opposition présent/passé : « à quarante-quatre ans, je me sentais sans impatience, sûr de moi, [...] éternel » / « Les expérimentations hasardeuses de la jeunesse avaient pris fin », « j'y avais mordu [...] à vingt ans ».

L'art d'être un dieu : cette orientation du personnage est ici dans sa phase ascendante. La « souveraineté olympienne » dont il rêvait précédemment (p. 129) devient une réalité plus tangible, coïncidant avec les débuts du culte de sa personne : « [...] j'étais dieu parce que j'étais homme. » L'interpénétration de l'homme et du divin est illustrée par l'énumération des dualités d'Hadrien (p. 159). L'intérêt pour le divin confine aussi au mysticisme, sous les formes les plus diverses : l'initiation à Éleusis, l'interprétation des astres, l'extase syrienne sont autant de chemins menant à ces mondes parallèles qui fascinent l'empereur.

Sæculum aureum

p. 169-181 Lors d'une halte à Nicomédie (Bithynie), Hadrien rencontre, dans une réunion littéraire, celui qui deviendra son favori, le jeune Antinoüs. Sa beauté, sa douceur et sa force séduisent Hadrien. Ces années de l'âge d'or déclinent tous les thèmes du bonheur : voyages et fêtes, temps suspendu au rythme des saisons. En Arcadie, l'empereur élève des temples et se livre aux Jeux isthmiques et aux chasses. Il s'installe ensuite à Athènes qu'il enrichit de nouvelles constructions et donne à la musique une place privilégiée. Il fréquente les philosophes et raconte les circonstances du suicide d'Euphratès. De nouveaux périples le conduisent vers l'une des « cimes de [sa] vie » : l'Etna, où il contemple le lever du soleil. Il conclut que le bonheur est indissociable de la sagesse, et par comparaison avec Alcibiade, qu'il l'a légitimement mérité.

La classique scène de rencontre amoureuse est relatée avec une certaine rapidité : en deux paragraphes, sont évoqués le contexte littéraire (lecture de poèmes) et mythologiques (référence à Pan, allusion au mythe de Narcisse), et la première prise de contact, par le dialogue d'abord, dans « l'intimité » ensuite. La proposition de clôture du passage, « et quelques années fabuleuses commencèrent », laisse le lecteur au seuil de l'aventure amoureuse et en annonce la plénitude. Le portrait valorisant du bien-aimé répond à une autre convention du récit de rencontre. Deux aspects significatifs du jeune homme dominent. Son silence ; et sa beauté, fortement métaphorisée, notamment à travers les figures animales soulignant sa jeunesse et sa force (« jeune chien », « beau lévrier », « poulain »). Bien plus, il apparaît comme une « vivante statue[1] », au corps et au visage changeants, à la beauté constamment renouvelée, dont le sculpteur est Hadrien.

Le voyage, qui est une constante du mode de vie d'Hadrien, **devient ici jubilatoire** : « jeu », « plaisir contrôlé ». Voyage amoureux, agrémenté de festivités (chasses, Jeux isthmiques, rites commémoratifs), et de réunions littéraires ou musicales. Constructions et tourisme sont les seules préoccupations d'Hadrien. Voyage enchanteur aussi, dans des contrées fabuleuses, qui constituent une sorte d'univers idéal (d'où la violence est absente, mais où cependant survient la mort, par trois fois) : Nicomédie, la « ville claire », « la mer d'arbres », « l'Eubée blonde », « l'Attique couleur de vin rose ».

Tout le texte chante un **hymne au bonheur**. En effet, avec Antinoüs, tout est magnifié : les paysages (« la vallée de l'Hélicon dorée par les dernières rousseurs de l'automne »), les saisons (« ce bel hiver »), les couleurs (« tout baigne dans

1. L'expression est de R. Poignault et E. Dezon-Jones, in *Mémoires d'Hadrien*, coll. Balises, Nathan, 1996, p. 63.

une atmosphère d'or »), le bonheur lui-même (« tout bonheur est un chef-d'œuvre »). Ce temps heureux est vécu par Hadrien dans une sorte d'apothéose permanente, qui atteint son acmé lors de l'ascension de l'Etna. Sur le plan stylistique, relevons les bonheurs de l'écriture elle-même : métaphores nombreuses, champs lexicaux de la joie, de l'or, de la lumière, du soleil, lyrisme des expressions, vocabulaire rare (« échanson », « alcyonniennes »).

p. 182-187 De retour à Rome, Hadrien accepte le titre autrefois refusé de Père de la Patrie et porte le deuil en mémoire de Plotine, morte. Il suit l'achèvement des grands travaux et entreprend d'édifier sur des ruines un Panthéon, par volonté d'être un continuateur, tout comme en politique, il s'inscrit dans la lignée des empereurs qui l'ont précédé. Le jour de la fête dédiée à Vénus et à Rome marque une nouvelle apothéose pour lui. Sa femme est nommée impératrice. En contemplant la nuit romaine embrasée, il médite sur une conception cyclique de l'histoire, et regarde sereinement son tombeau qui s'élève au loin.

Rejointoyer les ruines et le temps : tel est l'objectif d'Hadrien qui se présente à la fois comme un innovateur et un continuateur, ce que symbolise le Panthéon, édifié sur les « débris d'anciens bains publics ». De façon générale, les monuments sont revus et corrigés par Hadrien, « lavés d'un passé honteux » (tels le Colisée et la Maison d'Or), puis régénérés par une nouvelle esthétique. Il s'agit toujours de réconcilier le passé et le présent, de s'inscrire dans une perspective d'immortalité. La même idée est suggérée par l'énumération des douze Césars, à la suite desquels Hadrien prend place, leurs vertus en plus, leurs défauts en moins.

Sabine et Plotine sont les deux seules femmes de la vie d'Hadrien. Mais ô combien différentes ! La première, épouse officielle mais « point aimée », n'est qu'une ombre peu gênante, ce que caractérise le lexique de l'ignorance et de l'indifférence : « sans paraître s'en apercevoir », « comprenait mal », « ignorance ». Bref, tout la sépare d'Hadrien. La deuxième incarne la pensée épousée. Ce rôle d'épouse spirituelle de l'empereur est marqué par des termes suggérant les affinités : « amie », « intimité », « mariée ».

p. 188-201 Hadrien constate, au bout de deux ans, les progrès physiques et intellectuels d'Antinoüs. Évoquant la mort du favori, il prévient les moralistes qu'il assume sa part de responsabilité. La divinisation de sa personne s'accentue, à tel point que lui-même s'identifie à certains dieux de la mythologie. Il reçoit à Athènes plusieurs titres divins. Conscient d'avoir œuvré pour l'harmonie universelle, il craint néanmoins le « Temps dévorateur ». Ses relations avec Antinoüs s'altèrent sensiblement, sous le poids d'un amour qui l'effraie. Il trompe ou maltraite son compagnon. Ils assistent ensemble à d'atroces rites, puis Antinoüs se fait initier au taurobole. Horrifié par le spectacle, Hadrien le fait ensuite interdire. À Antioche, il est séduit par diverses pratiques de magie et étudie l'anatomie pour répondre à ses interrogations sur l'âme. Avant de partir, il souhaite sacrifier sur le mont Cassius et contempler de nouveau l'aurore. Pendant l'ascension, le souffle lui manque. Puis la foudre tue les deux acteurs du sacrifice. Hadrien tente de s'expliquer le suicide sacrificiel d'Antinoüs à la lumière de ce funeste événement.

Le leitmotiv de l'empereur-dieu réapparaît de manière amplifiée, à travers la symbolique de l'élévation : il n'est question que de « fête olympienne », des « bienfaits d'en haut », de « prodigalité céleste », de solennités « en plein ciel ». Hadrien semble avoir quitté pour un temps le monde d'en bas pour celui de l'Olympe. Les dieux mythologiques auxquels il se compare (Zeus est notamment cité trois fois), les titres divins présentés par des superlatifs, attestent la diversité de ses attributs et sa toute-puissance.

Les dangers de l'amour guettent le couple Hadrien/Antinoüs. La structure antithétique : « Je n'aimais pas moins, j'aimais plus » annonce la crainte, récurrente dans le chapitre, d'un attachement trop proche de la dépendance : Hadrien souhaite « des délices banales qui n'engagent à rien », « ne dépendre exclusivement d'aucun être », redoute celui qui « risquait d'encombrer [sa] vie ». En parallèle, le « pli amer » de la bouche d'Antinoüs est l'indice d'une altération physique, significative de l'altération intérieure.

Le poids de la mort assombrit aussi cette période. Elle a réinvesti l'existence des personnages, avec le retour des rites sacrificiels, les expériences anatomiques, l'évocation des êtres disparus. La mort d'Antinoüs, objet de prolepses* narratives jusqu'à présent, semble se rapprocher de plus en plus. La tonalité tragique clôture le chapitre, avec le sacrifice du Mont Cassius, et le mot « fin » pour annoncer celle du jeune homme.

p. 202-206 Le projet de faire de Jérusalem une ville nouvelle et luxueuse indigne la population juive. En dépit de cette hostilité, Hadrien fait poursuivre les travaux. Puis il se rend à Alexandrie, où sont organisées des festivités pour la venue de l'impératrice. Il décide de participer à une chasse au lion, dans l'oasis d'Ammon, en compagnie d'Antinoüs. Ce dernier blesse le fauve, Hadrien l'achève. À leur retour à Alexandrie, le poète Pancratès offre une fête musicale à l'empereur et compose un poème inspiré par la chasse au lion.

La description négative de Jérusalem, première poche de résistance à l'action d'embellissement d'Hadrien, contient en germe la révolte juive qui surviendra plus tard. Les habitants se comportent avec haine et violence. Considérés comme des « déshérités » par Hadrien, leur environnement n'est que « ruines » et « murs croulants ». Certes, l'empereur souhaite pallier ces carences et moderniser la cité et les mœurs sur le modèle de « la capitale romaine habituelle ». Mais implicitement, ne souhaite-t-il pas réaliser le rêve d'Orient, dont il a hérité de Trajan ?

Le récit de la chasse au lion met en scène l'éternel combat entre l'homme et l'animal. Il est construit selon les règles de la théâtralité : un cadre (l'oasis d'Ammon), un décor (« mare sablonneuse », « nénuphars rouges »), une ambiance sonore (« conques, cymbales et cris »), un déroulement en trois actes (arrivée du lion, combat et mort du fauve, festin). En outre, la narration se veut sobre : la rapidité des actions est mise en relief par le passé simple et une suite de propositions indépendantes. De ce combat, le vainqueur n'est peut-être pas celui qu'on croit. En effet, face à l'inexpérience et à l'impulsivité du jeune homme, l'expérience et le savoir-faire d'Hadrien sont valorisés : « j'avais prévu », « j'avais l'habitude », « il ne me fut pas très difficile ».

> **p. 207-213** Arrivent enfin l'impératrice et sa suite, dont Lucius, avec qui Hadrien visite les hauts lieux d'Alexandrie. Il réprouve la variété des religions et des sectes, et la versatilité* de certains Juifs. Il reçoit Akiba, émissaire de la synagogue, venu négocier l'arrêt des travaux entrepris à Jérusalem. Mais Hadrien ne cède pas. Une nuit, il consulte à Canope une magicienne dont les prédictions sont « sinistres » et qui propose de conjurer le sort par le sacrifice d'un animal familier. Antinoüs offre son faucon, qui sera noyé. Hadrien apprendra plus tard qu'à son insu, Antinoüs est retourné chez la magicienne.

Le temps des hostilités s'annonce pour l'empereur, dont l'existence est désormais traversée de discordances. Dans sa vie publique, une crise latente s'installe entre lui et la population juive qui ne veut pas se plier à l'impérialisme romain, et qui revendique sa culture et ses ruines pour « rester jusqu'au bout la forteresse d'une race et d'un dieu isolés du genre humain ». En d'autres termes, Jérusalem veut conserver sa différence. De son côté, Hadrien critique péjorativement les religions, le sectarisme, la cupidité* du peuple juif. Cet écart entre les mentalités, romaine et juive, explique l'échec de la négociation entre Hadrien et Akiba. Par ailleurs, dans sa vie privée, l'empereur doit supporter la rivalité entre Lucius et Antinoüs et les critiques dont ils font l'objet de la part de la population.

Le sombre avenir prédit par la magicienne de Canope accentue cette dégradation générale. Même si tout cela, comme le suppose Hadrien, n'est qu'une mise en scène orchestrée par des gens malveillants, l'énumération des présages est une perspective inquiétante. Et de nouveau, la mort clôture le chapitre. Préfigurée par la noyade sacrificielle du faucon, symbolisée par une traversée nocturne en barque, dans un vent « froid » (on pense déjà au Styx), la fin d'Antinoüs n'est qu'une question d'heures. De toute évidence, le temps de « l'Age d'or » est dans sa phase terminale.

p. 214-218 Le jour anniversaire de la mort d'Osiris, bruyamment célébré par les Orientaux, conduit Hadrien à s'isoler. La veille, il a soupé avec Lucius, chez qui Antinoüs l'a rejoint. L'humeur du jeune homme a évolué de la gaieté aux larmes. Le lendemain, Chabrias alerte Hadrien, occupé à son courrier, du départ inexpliqué d'Antinoüs. Des pressentiments les mènent au bord du Nil, où ils retrouvent le corps enlisé et rigide du favori. Hadrien s'effondre dans le chagrin. Deux jours après, le corps est confié aux embaumeurs et Hadrien songe à mettre en place le culte du bien-aimé : commémoration annuelle sur les lieux du suicide, fondation d'une ville nommée Antinoé, édification d'un tombeau à Rome. Les funérailles auront lieu deux mois plus tard.

Le vieil homme et la mort : ainsi pourrait s'intituler ce chapitre, si l'auteur avait voulu donner des titres. Hadrien vit un drame personnel qui lui enlève toute envergure impériale et le ramène à une humanité ordinaire et douloureuse, soulignée par la négation restrictive : « [...] il n'y eut plus qu'un homme à cheveux gris sanglotant sur le pont d'une barque. » Les titres hyperboliques, à connotation divine, n'ont plus de sens : le sacré a disparu pour laisser place à l'humain.

Pour vaincre la mort, Hadrien n'a d'autre ressource que **bâtir** : un sanctuaire, une ville, un tombeau. Peut-être pour « refuser l'anéantissement d'une jeunesse dont le souvenir autrement s'effacerait[1] ». Mais surtout pour lui accorder l'immortalité : l'embaumement représente la première étape du processus qui va perpétuer le visage et le corps du « préféré ».

p. 219-230 Hadrien reprend son voyage, seul, les pensées envahies par le souvenir des êtres qui ne sont plus. Il s'interroge et se culpabilise au sujet de la mort d'Antinoüs. Pour se distraire, il se rend au pied de la statue chantante de Memnon. La visite des temples égyptiens lui fait prendre conscience que le passage du temps crée l'oubli. Lorsque, par fantaisie, il grave dans la pierre le nom grec d'Antinoüs, il se souvient alors qu'en ce jour, « l'enfant » aurait vingt ans. Pétri de douleur, il reconstitue mentalement le trajet d'Antinoüs vers la mort. Une vision pessimiste et morbide du monde s'impose à lui. Messages et poèmes de consolation n'atténuent guère sa peine ; la question de l'immortalité de l'âme le laisse sceptique. Sur les lieux où l'on érige Antinoé, Hadrien voit pour la dernière fois le corps embaumé de son compagnon ; il accomplit les rites ultimes des funérailles et fait ensevelir Antinoüs dans une caverne proche de la ville.

Hadrien déroule **la spirale des souvenirs**, qui relie le temps à la mémoire. L'évocation des « chers disparus » est encadrée par le rappel obsédant de la mort

1. Selon Michel Borrut : « Trois jeunesses impériales », in *Analyses & réflexions sur Marguerite Yourcenar, Mémoires d'Hadrien*, Ellipses, 1996, p. 77.

d'Antinoüs, dont Hadrien cherche à se convaincre de la réalité. De fait, l'ordre chronologique des décès est subordonné à l'ordre affectif, qui donne à Antinoüs la première place. Les inscriptions gravées dans la pierre déclenchent le processus proustien de la mémoire involontaire : en refaisant un geste d'enfance, qui consiste à graver un nom sur les arbres, Hadrien retrouve la conscience du temps. Le phénomène de spirale, qui ramène le passé dans le présent et inversement, se reproduit ici de nouveau.

Une vision pessimiste du monde résulte de la perte de l'être aimé. À l'omniprésence de la mort, dans l'ensemble du texte, s'ajoutent l'abondance des images négatives pour exprimer l'altération des choses et des êtres, le champ lexical de la dégradation naturelle, la vue de morts animales ou humaines. Tout fait écho à la douleur d'Hadrien. Le rapprochement sonore des verbes « grimaçait » et « grinçait » renforce la tonalité pathétique* de la perception du personnage.

Les funérailles d'Antinoüs clôturent irrémédiablement « l'âge d'or ». Mais l'embaumement fixe pour l'éternité la beauté du jeune homme : « le profil du jeune faucon n'avait pas changé », « le beau visage immobile ». Le blanc et l'or, autrefois couleurs des années heureuses, sont ici les couleurs de la mort (« un long paquet blanc », « les ongles d'or », « le masque d'or »). Enfin, l'ensevelissement d'Antinoüs est digne d'un roi égyptien : il est enterré « comme un Pharaon », accédant symboliquement à la grandeur que le « jeune prince » qu'il était devenu (p. 188), est en droit d'avoir.

Disciplina augusta

p. 233-244 De retour en Grèce, Hadrien s'arrête à Antioche, qui le déçoit. Dégoûté de la vie urbaine, il effectue des réformes agraires. À Athènes, qu'il a dotée d'une riche bibliothèque, il s'installe chez son ami Arrien. C'est une période de lectures intensives et de réfection de ses propres œuvres. Il ébauche même un ouvrage pour y noter quelques observations et méditations et exposer la philosophie héraclitéenne à laquelle il adhère. Il fixe les modalités du culte d'Antinoüs et rectifie les plans d'Antinoé. L'apologie de la foi chrétienne envoyée par Quadratus suscite son intérêt, mais lui déplaît par son sectarisme. Il critique aussi la vacuité intellectuelle des hommes qui les conduit à des actes ou des paroles indignes. Seul Arrien et Chabrias comptent parmi les êtres chers. Malgré sa préférence pour Athènes, Hadrien admet que la culture grecque est complémentaire des vertus romaines. Il fait de la ville une métropole, après avoir revu la constitution et assaini l'économie. Il inaugure l'Olympéion avant de quitter définitivement Athènes.

Les lectures d'Hadrien sont significatives de ses divers centres d'intérêt : il relit les historiens parce qu'ils proposent une autre vision du monde — peu réconfortante, certes ; les poètes parce qu'ils renvoient au contraire une image juste de la réalité, voire un reflet de ses propres sentiments (« les délices poignantes de l'amour ») ou de ses obsessions (« le mystère des horizons et des voyages », « l'homme éphémère sur les paysages éternels »). Ceci justifie la création d'une bibliothèque, répondant à la nécessité de conserver les livres pour conserver aussi l'histoire des idées ou des hommes : partant, pour leur offrir l'immortalité.

À l'opposé, la lecture des textes religieux et philosophiques subit une sévère critique : Hadrien reproche au christianisme son sectarisme et les limites de l'application de ses préceptes, et juge très péjorativement les philosophes de son temps dont la pensée et les actes sont en constant déclin.

p. 245-251 À Rome, l'empereur reprend en main l'administration de l'Italie et proclame l'Édit perpétuel. Il effectue plusieurs séjours à Baïes et à Hadria, fait agrandir son Mausolée, orner le cénotaphe d'Antinoüs et prévoit la construction d'un « centre de culture grecque », l'Odéon. Il s'installe dans sa Villa, encore inachevée, et y donne des fêtes raffinées. Les plaisirs de la chasse et de l'amour réapparaissent dans sa vie. Mais obsédé par l'image d'Antinoüs, dont les statues peuplent la Villa, il rêve d'une sculpture aussi ressemblante que possible. Il s'efforce de régner avec application : exaspéré par la bêtise, il exile plusieurs hommes de lettres, dont Juvénal et refuse le cadeau de réconciliation d'un roi déloyal. Dans un geste incontrôlé, il éborgne son secrétaire, mais le garde à son service, pour se punir.

La vie retrouvée d'Hadrien s'ordonne en deux étapes : le retour au pays puis l'installation dans la Villa, et équivaut à une reprise en main de soi-même. L'ordre des paragraphes suit la hiérarchie des préoccupations, qui vont des affaires publiques à celles de la vie privée : en activant les réformes administratives (§ 1) et les projets d'architecture (§ 2), Hadrien redonne un sens à son existence mise de nouveau au service de son peuple, voire de l'humanité à naître : les deux occurrences de l'adjectif « futur » (p. 246) montrent qu'Hadrien se projette dans l'avenir, fidèle à son besoin de lutter contre le temps. Son installation dans la Villa (§ 3) avec ses objets favoris, marque le terme des années de voyage, et symbolise la prise de possession d'un territoire personnel, où le sens de la discipline coexiste avec le goût des plaisirs.

Cette vie, « en apparence sage », a néanmoins **ses dérèglements**, ses fissures : toute une série de phénomènes signale une fragilité psychologique, à tendance paranoïaque, et une angoisse obsédante. Les insomnies, l'impression d'envoûtement expriment l'impossible oubli d'Antinoüs, le refus qu'« un enfant qui [l'] aimait mourût à vingt ans ». Hadrien a changé : les adverbes « autrefois », « naguère », l'emploi du plus-que-parfait « j'avais perdu », « j'avais vu », la fréquence du vocabulaire de l'angoisse révèlent une mutation dans le système de pensée ou le comportement. Dans ses relations à autrui, il se montre moins tolérant, moins patient, comme le prouvent nombre de verbes relatifs à l'exaspération. L'empereur exerce arbitrairement son pouvoir de censure et de sanctions, rompant ainsi avec l'image d'humaniste ouvert qu'il donnait de lui jusque-là.

p. 252-263 Les tensions avec les Juifs s'accroissent : ils refusent de respecter les interdictions imposées par le gouverneur romain, et Hadrien, opposé au fanatisme religieux, souhaite faire de Jérusalem « une ville comme les autres ». Un fanatique, surnommé Bar Kochba, entraîne les rebelles dans une révolte sanglante qui se transforme en guerre d'usure contre les légions romaines, dirigées par Sévérus. Hadrien décide alors de commander les opérations militaires, sur le terrain, à Sidon. Là, il rencontre Céler, jeune tribun, qui devient son nouveau compagnon. La citadelle de Béthar, où Bar Kochba s'est réfugié, est assiégée par l'armée d'Hadrien, tandis que les rebelles dévastent leur propre pays. Hadrien reconnaît son échec dans le traitement des affaires juives. Cette guerre l'amène à douter des chances d'une paix universelle. Déambulant la nuit dans le camp, il juge, de façon pessimiste et désabusée, l'avenir du monde et la conduite des hommes futurs. Mais ce sera l'affaire de ses successeurs. La sienne est de se consacrer aux tâches militaires du moment.

Le retour d'Hadrien à la vie militaire ressemble à un retour en arrière, mû par la conception cyclique de l'histoire. À seize ans de distance, les mêmes événements se reproduisent : la révolte juive sous Trajan est rappelée deux fois dans le récit. En outre, en renouant avec son « plus ancien métier », l'empereur retrouve une ancienne identité, qui est celle du soldat : « J'étais redevenu cet homme vêtu de cuir et de fer. » Mais une fois de plus, il mesure les effets du passage du temps qui le diminuent physiquement, dans ses gestes (p. 257) et dans son corps (p. 258).

Les « creuses méditations » des nuits de Béthar sont le contrepoint de la nuit syrienne. L'avenir est vu en négatif, dans un contexte de violence. Les propos visionnaires et pessimistes d'Hadrien, bien qu'amortis par le conditionnel à valeur hypothétique, expriment la conscience d'une décadence inéluctable.

p. 264-270 Hadrien constate que son corps présente des signes de faiblesse. Les premières attaques de la maladie apparaissent alors : son médecin Hermogène diagnostique une hydropisie du cœur et lui prescrit du repos. Pendant ce temps, la guerre de Judée s'achève, avec la mise à mort d'Akiba et de neuf fanatiques, la capitulation de Béthar, et la vente, comme esclaves, des rebelles capturés. Au terme de quatre années d'une guerre atroce, la Judée est rayée de la carte et devient la Palestine, où il faut rebâtir Ælia Capitolina. Hadrien se repose à Sidon et se rétablit peu à peu. Il s'embarque pour l'Italie avec Céler et Diotime, jouissant pour la dernière fois peut-être des sensations de la traversée, avant de régler à Rome, sa succession et sa mort.

La maladie envahit le corps d'Hadrien. À l'énumération des signes de faiblesse (§ 1) succède la description clinique (§ 2) des différentes phases du mal lui-même, dont la progression est mise en relief par l'abondance des phrases en asyndète* et par des adjectifs connotant notamment l'intensité (« affreux », « atroce », « horrible ») ou la durée (« longues », « brève ») de la souffrance. Dès lors, Hadrien doit faire face à sa nouvelle condition de vie : la nécessité de réduire ses activités, de modérer les exercices physiques, préfigure la période de l'immobilisme, qui consiste à « borner pour un temps les perspectives de [la] vie au cadre d'un lit », et que symbolise aussi l'image de la « cage de toile ». On le voit, les limites de l'espace se resserrent.

Cependant, en dépit de sa maladie, Hadrien reste **lucide et serein**. Lucide, parce qu'il se résigne à son nouvel état : « il fallut accepter [...], consentir » ; « j'acceptais d'être cet homme las... », et parce qu'il ne se berce pas d'illusions. Il envisage, par la métaphore du bûcheron (p. 269), sa propre fin. Son retour à Rome semble le dernier voyage : « [...] pour la dernière fois sans doute de ma vie. » Serein, parce qu'il accepte son destin et jouit de l'instant présent, occultant tout avenir : « sans songer désormais à tirer des présages » ; « [...] des îles [...] où l'on sait d'avance que l'on ne s'arrêtera pas. » Les derniers mots du chapitre montrent que l'empereur a cessé de « penser au reste des hommes » pour se consacrer à lui-même.

p. 271-282 À Rome, Hadrien reçoit un triomphe. Il s'installe ensuite à Tibur, pour y terminer sa vie, dans un décor qui évoque les lieux aimés de la Grèce. Il se félicite de ne pas avoir de fils car il pense que la « continuité humaine » ne passe pas par les liens du sang ; au contraire, le système de l'adoption, qui procède de l'intelligence, lui paraît plus sage. Cependant, sa propre succession n'est pas réglée. Il écarte nombre de successeurs potentiels, dont son beau-frère Servianus, jugé trop dangereux. Reste Lucius, excellent orateur et habile fonctionnaire, qu'il adopte dans l'urgence de la maladie, sous le nom d'Ælius César. La mort de l'impératrice Sabine pousse Servianus à préparer un complot contre Hadrien et Lucius, mais le projet est éventé : Servianus et son petit-fils sont alors exécutés, ainsi qu'Apollodore, leur fidèle partisan.

Tibur, où se situe la Villa Adriana, est défini comme une « **retraite** », donc un lieu privilégié de solitude, « au cœur » duquel « la chambre secrète » procure un espace à la fois intime et relié au monde, suggéré par la figure du cercle. Tibur est aussi le refuge du cœur, qui favorise l'éclosion des souvenirs (« chaque beau lieu en rappelle un autre ») et offre à la vue d'Hadrien certains sites grecs et « deux ou trois statues aimées ».

Le choix du successeur forme l'essentiel du chapitre. Hadrien qui arrive au terme de sa vie et donc de ses fonctions impériales, doit régler la question de sa succession. Elle est difficile, et ne va pas sans hésitations. L'adoption de Lucius participe d'un choix raisonné — Hadrien ayant d'abord écarté tous les fonctionnaires possibles présentant un défaut — mais où la faiblesse sentimentale a tout de même sa part : « [...] il était trop mêlé à ma vie pour que je pusse l'en exclure. »

> **p. 283-291** Alors que la santé de Lucius s'altère, Hadrien le nomme gouverneur de Pannonie. Il s'acquitte bien de sa charge mais la maladie s'aggrave : il est rapatrié à Baïes. En le veillant, Hadrien songe amèrement que ses rapports avec Lucius sont fondés sur l'argent et non sur l'affection. À sa demande, Lucius repart pour Rome où il meurt. Hadrien adopte alors Antonin, homme intègre et prudent, à condition qu'il choisisse pour lui succéder Marc Aurèle, et qu'il adopte aussi le fils de Lucius.

La mort de Lucius est à l'image du personnage, vécue sur un mode léger et ludique, plus que comme une douloureuse réalité : les rémissions de la maladie alternent avec les phases d'aggravation, le vocabulaire de la dégradation physique contraste avec celui de la frivolité, de la lumière, pour décrire le caractère.

Réussir une **double adoption** : c'est le tour de force d'Hadrien ! Puisqu'il désigne d'office à Antonin un successeur : Marc Aurèle. En se choisissant un fils et un petit-fils adoptifs, il installe dans l'avenir son empreinte impériale (les deux héritiers continueront en effet son œuvre politique), et s'inscrit une fois encore dans le temps. Par ailleurs, il compose ainsi la famille qu'il n'a pas, selon les critères de la raison et de la sagesse.

Patientia

> **p. 295-303** Hadrien reçoit une lettre d'Arrien, qui lui rend compte de ses services, et dans laquelle il décrit l'île d'Achille et de Patrocle. Enchanté, Hadrien y trouve une image embellie et ordonnée de sa vie, et un moyen de se projeter dans l'ailleurs pour échapper au poids du passé. Tenté par le suicide, sur lequel il s'interroge, il n'ose commettre lui-même l'acte final ; il fait alors appel à son maître des chasses, que cette demande rend presque fou, puis à un jeune médecin, Iollas, qui préfère avaler lui-même le poison mortel. Réconforté par Antonin qui s'engage à adoucir et faciliter ses derniers jours, Hadrien renonce à « brusquer sa mort ».

Le droit au rêve se présente pour Hadrien de deux manières : d'abord à travers la nostalgie du passé, qui propose une échappée vers les grands espaces qui lui sont chers : « la plaine de neige », « une oasis », « le désert syrien » ; ensuite à travers la lettre d'Arrien, qui lui offre une image idéalisée de son existence, grâce au miroir révélateur de la fable, superposant la légende d'Achille et de Patrocle à l'histoire d'Hadrien et d'Antinoüs. Hadrien ne songe plus cette fois à se moquer de « ces fidélités passionnées qui fleurissent surtout dans les livres » (p. 194) : la fable mythologique est devenue le lieu de déchiffrement du vécu, et Hadrien entre à son tour dans l'espace-temps du mythe, dans « l'empyrée des héros ».

La tentation du suicide se fait tout à la fois obsédante et hésitante : en effet, le souvenir d'Euphratès permet à Hadrien de mesurer le changement de point de vue : « Je ne savais pas alors que la mort peut devenir l'objet d'une ardeur aveugle… » et suscite des interrogations, tandis que les métaphores guerrières traduisent une lutte d'ordre éthique. Paradoxalement, c'est le suicide de Iollas qui ramène Hadrien à l'acceptation de l'ordre naturel des choses, et lui redonne le sens du devoir impérial (« me conformer jusqu'au bout aux convenances de mon métier d'empereur »).

p. 304-316 Hadrien s'inquiète des ultimes tâches juridiques à effectuer et des problèmes encore à résoudre. Une aveugle ayant retrouvé la vue au contact de l'empereur-dieu, la vénération populaire s'intensifie : dans l'imaginaire collectif, il bénéficie désormais d'une apparence positive et magnifiée. Il se réjouit du succès et du développement du culte d'Antinoüs. L'approche de la mort lui donne un sentiment de complicité avec le jeune disparu. Observant sa fin, il constate que son identité profonde reste immuable. Ses rêves nocturnes et certains incidents sont interprétés comme des signes de mort. Mais il reste patient et serein, sans inquiétude pour l'avenir du monde, lucide en dépit de la maladie. Il meurt à Baïes, entouré de ses intimes.

Dernières visions de l'avenir : elles concernent d'abord l'avenir de l'empire ; la phrase inaugurale « Tout reste à faire » indique la nécessité pour Hadrien de prendre les dernières mesures afin de laisser l'empire en ordre à sa mort (cf. les verbes d'obligation : « doivent devenir », « il faut », « il importe de »). Elles portent ensuite sur l'avenir du monde et font écho aux méditations des nuits de Béthar (p. 261-262). Mais le ton a changé : l'emploi du futur implique l'objectivité et la sérénité de la prescience de l'empereur. Enfin, les dernières visions d'Hadrien sont celles de sa fin, (les préparatifs de ses funérailles), qui s'achève sur l'image finale d'une attitude stoïcienne : « les yeux ouverts ».

B. Organisation de l'œuvre

1. La division en parties et en chapitres[1]

Le roman comporte six parties titrées, comprenant chacune un nombre variable de subdivisions non titrées et non numérotées, que l'on peut considérer comme des chapitres. Les parties, dont les titres sont expliqués ci-dessous, assurent la construction de l'ensemble : en effet, chaque titre sert de référent à une étape de la vie d'Hadrien, de façon à en « embrasser la courbe tout entière » (CN p. 322) et à en signifier **la valeur initiatique**.

Animula vagula blandula 2 chapitres	Prologue énonçant les circonstances de la narration, les thèmes récurrents et les raisons d'écrire.
Varius multiplex multiformis 8 chapitres	Récit chronologique des quarante premières années d'Hadrien, de sa naissance à son accession au pouvoir. Série d'initiations ou de métamorphoses.
Tellus stabilita 5 chapitres	Programme de réorganisation, d'idéal politique. Étapes de la construction de l'œuvre impériale et de la personnalité d'Hadrien.
Sæculum aureum 7 chapitres	Période de consolidation et de correction des réalisations. Apogée et déclin personnel d'Hadrien.
Disciplina augusta 6 chapitres	Dernière série de mesures politiques et personnelles. Succession de retours.
Patientia 2 chapitres	Épilogue. Retour au temps de l'écriture et mort d'Hadrien.

1. Selon les commentateurs, les appellations varient : certains parlent de parties (divisions titrées) et de chapitres (subdivisions) ; d'autres de chapitres (divisions titrées) et de séquences (subdivisions).

LES TITRES[1]

Titres	Origine	Traduction	Significations
Animula vagula blandula	Incipit* du poème d'Hadrien	Petite âme tendre et flottante	Souffle de vie / précarité / tendresse et complicité / errance / inconstance
Varius multiplex multiformis	*Épitome* de Cæsaribus (ouvrage historique IVe s.)	Varié, multiple, multiforme	Mythe de Protée / variété / contrastes / multiplicité / variable, changeant # unité, conformation
Tellus stabilita	Devise monétaire (134)	La terre stabilisée	Élément terrien / terre-mère / sol Action accomplie / consolidation
Sæculum aureum	Devise monétaire (121)	Le siècle d'or	Époque, siècle / mode, esprit du siècle / bonheur / lumière, or, soleil
Disciplina augusta	Devise monétaire	Discipline auguste	Apprentissage / discipline, ascèse / Majestueux / vénérable / titre impérial
Patientia	Devise monétaire (131-132)	La patience	Constance, endurance / stoïcisme

Selon les parties, le nombre des chapitres varie. Seules, la partie inaugurale et la partie finale n'ont que deux chapitres chacune, symbolisation formelle de l'équilibre retrouvé d'Hadrien.

En revanche, le **morcellement** des autres parties est net. Cette technique de construction de la narration cherche à rendre compte de l'épaisseur du vécu, avec ses tensions et ses turbulences, sa lenteur et sa frénésie, sa variété et sa plénitude. En particulier, la deuxième partie (*Varius multiplex multiformis*), longue et lente, déroule en huit chapitres les étapes de l'accession d'Hadrien au pouvoir. Ce qui correspond à la visée de Marguerite Yourcenar :

> Les débuts d'Hadrien sont très lents [...], de l'âge de quinze ans à celui de quarante ans, il franchit lentement toutes les étapes. (YO p. 160)

Comment rendre mieux cette lenteur sinon en multipliant, à travers autant de chapitres, les stades de l'initiation, de l'attente et la diversité des points de vue du personnage lui-même ? Dans toutes les autres parties, la même étude de l'effet de **mimétisme** entre le nombre des chapitres et les étapes de l'existence peut être effectuée.

1. Ce tableau est inspiré de l'étude des titres effectuée par A. Maille : « Les titres latins : du circonstanciel à l'extra-temporel », in *Analyses & réflexions sur Marguerite Yourcenar, Mémoires d'Hadrien*, Ellipses, 1996, p. 114.

2. Une double structure

Les tableaux ci-dessus font apparaître la **structure pyramidale** de l'œuvre, ainsi explicitée par Marguerite Yourcenar :

> [...] la lente montée vers la possession de soi et celle du pouvoir ; les années d'équilibre suivies de l'enivrement, qui est aussi le grand moment [...] ; puis l'effondrement, la descente rapide ; et de nouveau la reconstruction à ras de terre des dernières années, les usages, les rites religieux romains acceptés, après les expériences exotiques d'autrefois, les travaux poursuivis coûte que coûte, la maladie supportée. (YO p. 101)

Les différents éléments de la pyramide sont aisément identifiables dans ces propos : en effet, les parties I et VI forment la base de l'ensemble et se font écho : c'est le temps de la sagesse et de la résignation. Au sommet, se situe la rencontre d'Antinoüs, alors même que l'empereur devient dieu. Si cette rencontre ne tient qu'un cinquième du livre environ — matériellement parlant —, et cinq années de la vie d'Hadrien, elle parasite cependant le récit tout entier (nombreux procédés d'anticipations et de réitérations). Puis la mort du jeune Bithynien brise la trajectoire ascensionnelle et amorce la phase descendante.

Mais dans cette construction pyramidale est insérée une structure circulaire, formée par la première et la dernière partie de l'œuvre : le présent de l'écriture et le discours épistolaire en constituent le plan formel. L'acceptation de la maladie, la méditation sur la mort, en sont la substance thématique. L'œuvre débute et se termine donc sur les mêmes éléments. Dans *Patientia*, le paragraphe de clôture s'achève sur l'évocation de la « petite âme tendre et flottante », traduction, nous l'avons vu, du titre latin de la première partie, lui-même incipit* du poème placé en exergue* à cette première partie. Ainsi, la boucle est bouclée. *Mémoires d'Hadrien*, qui s'ouvrait sur la parole poétique de l'empereur se clôt sur le discours autobiographique, interrompu par la mort, mais où la poésie reste présente.

À cela, s'ajoute une **série d'échos** entre certains épisodes, créant un effet de **circularité interne**, avec processus d'évolution : la sibylle de Bretagne / la sorcière de Canope, l'ascension de l'Etna / celle du mont Cassius, la nuit syrienne / la nuit palestinienne, l'initiation mithriaque d'Hadrien / celle d'Antinoüs offrent des correspondances de situation, mais traduisent l'évolution, généralement régressive, de la pensée d'Hadrien.

3. Les prolongements de l'œuvre

Mémoires d'Hadrien ne se termine pas avec la page finale : l'œuvre a ses prolongements. Les *Carnets de notes* et la *Note* constituent les alentours obligés de l'œuvre, d'autant plus intrigants qu'ils figurent aussitôt après le titre, introduits par la formule « suivi de ». Cette présentation incite à aller voir en quoi consistent ces annexes : les *Carnets* accompagnent le roman depuis la deuxième édition de 1953, la *Note* figurait déjà dans l'édition originale.

Le procédé des préfaces ou postfaces est habituel chez Yourcenar, qui assortit toutes ses œuvres de ce type de glose*. Dans son commentaire de *Mémoires d'Hadrien*, H. Levillain[1] fait justement remarquer la place originale tenue par ces deux postfaces : placées en fin de récit, elles inversent le protocole de lecture, car elles ne servent plus à guider le lecteur dans l'œuvre (à la différence d'une préface), mais s'adressent à des lecteurs ayant déjà lu le récit. Comment alors les interpréter ?

Les *Carnets de notes* retracent l'itinéraire sinueux, parfois brisé, de l'œuvre, et en parallèle, celui de l'écrivain face à son œuvre et son personnage. On apprend quelles circonstances matérielles et affectives ont présidé à la genèse du texte, et quels principes de méthode ont été requis. Or, l'aspect formel de ces notes est ambigu : le style cursif et fragmentaire, les phrases nominales, l'éclatement et la modulation des idées laissent penser à un jet spontané, à un « témoignage écrit sur le vif [...] à propos d'une création en train de se faire ou de se défaire[2] ». Et pourtant, à bien y regarder, peu de notes sont datées. Une seule est contemporaine de l'écriture, celle de 1949 ; deux ajouts ont été faits en 1958 (notes en italiques). Elles sont donc, dans l'ensemble, postérieures à la rédaction, rédigées au passé, ce qui révèle une réécriture, voire une recomposition que la forme semble démentir au premier abord. Pourquoi sont-elles ainsi publiées ? M. Yourcenar en a justifié la nécessité à plusieurs reprises, auprès de ses correspondants :

> Devant l'ignorance toujours grandissante du public, il devient important d'expliquer comment l'ouvrage s'est fait[3].

Dont acte. Cela dit, ces propos un peu sévères à l'égard des lecteurs, et qui concernent davantage la *Note*, en raison de son caractère érudit, dissimulent d'autres raisons d'être. D'abord, la valeur explicative et justificative de ces notes est évidente, car elles apportent un éclairage utile sur l'élaboration du texte

---

1. Henriette Levillain commente *Mémoires d'Hadrien* de Marguerite Yourcenar, Foliothèque, Gallimard, 1992, p. 16-17.
2. Formule d'H. Levillain, *op. cit.*, p. 21-22.
3. Lettre du 28 juin 1960, in *Lettres à ses amis et quelques autres*, p. 148.

comme sur la personnalité de l'écrivain, permettant de mieux saisir les arcanes de la création littéraire. Elles résultent **d'un retour sur le texte et sur le travail créatif, après écriture**, et à ce titre, on peut les considérer, à l'instar de M. Yourcenar (qui n'en finit pas d'inventer des genres), comme un « **essai autobiographique** sur la composition d'*Hadrien*[1] ». Dans cette optique, ces notes offrent au lecteur un autre intérêt, celui de la connaissance de l'écrivain en train de se faire, d'accomplir sa maturation créatrice et mentale, durant de longues années de contact avec un empereur du IIe siècle. Elles répondent enfin à une autre interprétation : l'œuvre terminée, il s'agit de faire table rase, de « reléguer dans le temps l'écriture, de l'éloigner, de s'en débarrasser », par besoin de « se retrouver[2] ». La dernière note des *Carnets* confirme cette intention :

> Ce que j'étais capable de dire a été dit ; ce que je pouvais apprendre a été appris. Occupons-nous pour un temps d'autres travaux. (CN p. 347)

Les *Carnets de notes* achèvent le processus libératoire qui rend à l'écrivain son autonomie et sa totale disponibilité face à l'écriture.

La *Note*, quant à elle, a pour objectif de **distinguer la part de « l'érudition et de la magie »**, à savoir ce qui relève de la vérité historique et ce qui relève de la fiction. Cet inventaire impressionnant et rigoureux des sources utilisées livre donc **quelques secrets de fabrication** de *Mémoires d'Hadrien* : création ou transformation de personnages ou de faits, choix de l'interprétation de tel événement, transposition d'anecdotes... L'auteur intervient également de manière critique sur ces sources, pour en évaluer la qualité, le bien-fondé ou la crédibilité, par souci d'exactitude et d'intégrité. Toutefois, *Mémoires d'Hadrien* n'est pas un ouvrage d'histoire : pour Yourcenar, c'est une « reconstitution », certes étayée par des bases historiques solides et précises, respectant la « fidélité aux faits » (*Note* p. 349), mais prise en charge par l'inspiration et la subjectivité. La *Note* permet donc de mieux cerner le mouvement qui va de l'histoire à la création, en passant par le prisme de la subjectivité et de la liberté créatrice, pour combler les lacunes ou élargir les perspectives de l'histoire, pour orienter le personnage d'Hadrien vers un degré d'humanité qui le rapproche de notre modernité.

---

1. Souligné par nous. Lettre du 14 août 1954, in *Lettres à ses amis et quelques autres*, p. 114.
2. C'est l'hypothèse de Michèle Berger : voir « Histoire et roman : comment s'en défaire », in *Roman, histoire et mythe dans l'œuvre de Marguerite Yourcenar*, S.I.E.Y., 1995, p. 36.

C. Une œuvre protéiforme

L'incertitude générique de *Mémoires d'Hadrien* constitue l'une des problématiques littéraires de l'œuvre. Variés sont les termes qui tentent de cerner le caractère protéiforme du texte qui s'affiche comme des « Mémoires » et commence comme une lettre, où introspection et rétrospection s'entremêlent. La position de Yourcenar à l'égard de son livre n'élucide guère l'approche du lecteur ; il est, pour elle, un « livre un peu hors série, puisqu'il n'est tout à fait ni une étude historique, ni un poème, encore moins un roman, bien que par commodité nous l'appelons ainsi[1] ».

1. Un roman historique ?

Si l'on se réfère au titre de l'œuvre, sa classification dans le genre des « Mémoires » paraît aller de soi. À un détail près, et il est d'importance : les Mémoires impliquent une identité entre le mémorialiste et le personnage principal. Or, ce n'est pas le cas, puisque Marguerite Yourcenar signe l'œuvre et puisque, dès la première page, s'effectue le glissement au genre épistolaire. C'est pourquoi d'aucuns ont pu parler de mémoires supposés ou « apocryphes* », terme que rejette l'écrivain :

> [...] cet adjectif impropre, dit-elle, (mieux vaudrait parler de *Mémoires imaginaires*) prouve à quel point la critique, et le public, sont peu habitués à la reconstitution passionnée, à la fois minutieuse et libre, d'un moment ou d'un homme du passé[2].

Cependant, on sait qu'Hadrien a rédigé des *Mémoires*, (perdus depuis) auxquels il fait allusion à la page 29. Yourcenar se glisse donc **à l'intérieur d'un manque**, et en profite pour **faire dire à Hadrien ce qu'il aurait pu dire en son temps**. En ses parties centrales, c'est-à-dire à l'exception d'*Animula vagula blandula* et de *Patientia, Mémoires d'Hadrien* contient bien une œuvre de mémorialiste. L'empereur y fait le récit chronologique de sa vie et de son règne, conformément à ce que l'*Histoire Auguste* en rapporte. Et c'est là qu'un autre glissement s'opère : *Mémoires d'Hadrien* pourrait bien être un roman historique, qui réconcilierait tous les atouts de la fiction : le style épistolaire, comme convention commode d'une parole fictive, et le déploiement de l'imaginaire propre à toute œuvre romanesque pour reconstruire des données factuelles. Le tout dans un cadre historique bien défini. On rejoint donc **la définition de**

1. Lettre du 28 juin 1960, in *Lettres à ses amis et quelques autres*, Gallimard, 1995, p. 149.
2. Marguerite Yourcenar : « Ton et langage dans le roman historique », in *Le Temps, ce grand sculpteur*, Gallimard, 1983, p. 41.

Yourcenar, celle d'**une reconstitution « minutieuse et libre »**. Elle accepte d'ailleurs de se définir comme un « romancier historique » qui, loin de l'historien « pur » dont l'objectif est l'exactitude et la lucidité, doit rendre aux documents figés, « la souplesse et la chaleur des choses vivantes, et cette fluidité de la vie vécue[1] ». Précisément, cette primauté accordée au vécu, au caractère « vivant » des êtres et des choses, au mouvement du temps, n'est-ce pas la marque d'une écriture intime, où les accents de la parole personnelle recouvrent ceux du récit historique ?

2. Un vrai faux roman épistolaire

L'ouverture du roman dément donc d'emblée la forme littéraire des « *Mémoires* » annoncée par le titre. En effet, les **indices conventionnels** de l'art épistolaire : apostrophe initiale au destinataire, tutoiement, ton intime (« mon cher »), indices spatio-temporels (« ce matin », « à la Villa ») justifient l'acte d'écrire en train de s'accomplir. La première partie de l'œuvre confirme cette démarche épistolaire, puisque Hadrien expose à Marc Aurèle ses raisons de lui écrire. Par la suite, les indices du genre réapparaissent avec plus ou moins de régularité. **Progressivement, l'écriture espace l'emploi de la deuxième personne**, et rejette dans l'ombre, dans la marge du récit, le destinataire, pour laisser place à un « je » omniprésent. On note pourtant un retour au rituel énonciatif de la lettre (« à l'heure où je t'écris » p. 164), et une adresse directe à Marc Aurèle, sous forme de présentation élogieuse, à l'occasion de son adoption (p. 289-290). En dehors de ces cas, le destinataire semble oublié, si ce n'est, de temps à autre, au détour d'une phrase, un tutoiement de rappel, presque imperceptible, une allusion discrète à Marc Aurèle (par exemple : p. 64, 119, 132, 157, 159, 240, 305, 307). Quant à la formule conclusive rituelle, et à la signature autographe, elles sont absentes, ce qui constitue un écart majeur par rapport aux conventions du genre.

Pourtant, la tradition du roman épistolaire fondé sur l'échange entre les personnages (comme dans *Les Liaisons dangereuses* de Laclos ou les *Lettres persanes* de Montesquieu) paraît respectée. En effet, le roman est constitué de deux lettres, puisqu'il reproduit la missive envoyée par Arrien : l'épistolier devient à son tour le récepteur. De fait, plusieurs modalités et variantes du genre sont réunies dans *Mémoires d'Hadrien* et répondent aux intentions elles-mêmes multiples du narrateur : **lettre testamentaire** contenant le message politique à transmettre (p. 132, 257), **lettre morale** à valeur didactique* (p. 29), à la manière

1. Entretien avec P. de Rosbo dans *Les Nouvelles littéraires*, n° 2 333, 12 juin 1972.

des Anciens (tels Cicéron et Sénèque[1]), ou encore **lettre d'aveu, de confidence** (p. 12, 64, 305), où Hadrien se livre et se délivre. « La lettre écrite m'a enseigné à écouter la voix humaine […] », déclare-t-il (p. 30). Implicitement, il cherche à communiquer à Marc Aurèle, cette valeur d'écoute qu'il accorde à la lettre, et dont la finalité est la connaissance de l'autre. En ce sens, elle est l'expression de l'authenticité d'un être qui valorise son expérience personnelle et son exemplarité, et s'apparente alors à la littérature intime.

3. L'écriture de soi

Alors, que représente vraiment cette longue lettre, rédigée à l'heure de la maladie, dans l'attente de la mort ? Ne serait-elle pas le prétexte officiel d'une écriture intime, d'une nécessité intérieure, à caractère autobiographique, destinée au scripteur lui-même ? Car Hadrien prend soin de préciser : « Ce que le public sait de ma vie, je l'ai révélé moi-même » (p. 140). Est-ce à dire qu'il n'écrit pas pour l'Histoire, comme le ferait un mémorialiste, et que Marc Aurèle n'est là que pour engager le **protocole de l'écriture de soi** ? On le voit, le « je » narratif permet de jouer sur l'identité du mémorialiste ou de l'autobiographe et donc de brouiller les genres.

Bilan de l'existence et introspection forment à la fois la matière littéraire et les deux pôles conventionnels du genre autobiographique. S'y ajoutent l'autoportrait rituel, les étapes fondatrices, les figures emblématiques ou protectrices, les lieux de prédilection, le thème du voyage, les expériences initiatiques. À considérer tous ces éléments, l'écriture de soi ne fait aucun doute. Le texte lui-même renvoie à cette analyse :

> « j'ai formé le projet de te raconter ma vie » ; « la vérité que j'entends exposer ici […] l'expérience d'un homme seul qui est moi-même » (p. 29) ; « me définir, me juger […], me mieux connaître avant de mourir » (p. 30).

Hadrien s'avoue « plus sincère que la plupart des hommes » (p. 179). Le choix des termes et l'ambition du projet est digne de Rousseau, la définition du « pacte autobiographique » conforme à celle de Philippe Lejeune[2]. Le passé est explicitement désigné comme un outil de connaissance personnelle (p. 29) et non comme un simple matériau historique. Dans cette optique, *Mémoires d'Hadrien* révèle sans cesse **un discours sur soi, où méditation et réflexion morale priment**, où passé et présent se nourrissent l'un de l'autre. Mais on observe de

---

1. Les *Lettres* de Cicéron et les *Lettres à Lucilius* de Sénèque sont considérées comme les grands modèles épistolaires de l'Antiquité.
2. Philippe Lejeune : *Le Pacte autobiographique*, Points-Seuil.

nouveau un hiatus : une autobiographie se doit d'être le récit de vie d'une personne réelle par elle-même. Or, Hadrien n'est pas l'auteur du texte : il n'en est que la voix. On se trouve alors face à **une autobiographie fictive, où tout concorde cependant** : l'identité du narrateur et celle du personnage principal, les éléments biographiques et la vérité historique. Vient pourtant le moment où achèvement de la vie et achèvement du récit coïncident, puisque celui qui parle ***va*** mourir. Dans *Patientia*, l'autobiographie rejoint alors le style du journal intime, qui relate heure après heure, page après page, les derniers jours de l'empereur. La narration reste dans le cadre d'une écriture de soi, mais les modalités ont changé.

Il faut bien en conclure que *Mémoires d'Hadrien* est **une œuvre protéiforme**, qui ne se coule pas dans le moule d'un genre unique et strictement codifié, mais emprunte — sans les respecter rigoureusement — plusieurs cadres narratifs qui s'enchâssent, pour mieux rendre compte de la complexité de l'enjeu : faire parler un empereur du IIe siècle, ayant réellement existé tient de la gageure. L'Histoire n'y suffit pas, la fiction seule mentirait trop, et cependant « le roman dévore aujourd'hui toutes les formes ; on est à peu près forcé d'en passer par lui » (CN p. 340), reconnaît Marguerite Yourcenar. Restait à trouver une autre voie narrative, un genre approprié, sur mesure, dans lequel inscrire la vie et les pensées d'un personnage en quête de l'édification du moi : parler d'« **autobiographie imaginaire**[1] » semble convenir le mieux.

D. Les personnages

1. Hadrien, portraits

> Naguère, j'avais surtout pensé au lettré, au voyageur, au poète, à l'amant ; rien de tout cela ne s'effaçait, mais je voyais pour la première fois se dessiner avec une netteté extrême, parmi toutes ces figures, la plus officielle à la fois et la plus secrète, celle de l'empereur. (CN p. 328)

Ces propos de Marguerite Yourcenar résument les grandes lignes de la personnalité d'Hadrien : d'un côté, l'homme privé et intime, de l'autre, le personnage public. Comme tout récit de vie, *Mémoires d'Hadrien* propose un autoportrait en mouvement du narrateur, qui suit tous les stades de l'existence et s'inscrit dans une nécessaire évolution — ou maturation — temporelle. *Varius multiplex multiformis* : c'est ainsi que se définit le personnage lui-même.

---

1. Nous rejoignons ici la conclusion d'E. Dezon-Jones et de R. Poignault : *Mémoires d'Hadrien*, coll. Balises, Nathan, 1996, p. 109.

L'HOMME PRIVÉ

Hadrien est un **érudit,** doué d'une grande intelligence : il a bénéficié d'une éducation de qualité, pétrie d'hellénisme*, il fréquente dans les livres et dans la vie les philosophes[1], s'intéresse à l'astronomie et à l'ésotérisme, lit les historiens, les poètes... Lui-même s'essaie à l'écriture poétique, sans grand succès, du reste. Son ouverture d'esprit l'amène à dépasser les frontières, à « fréquenter les barbares ». D'ailleurs, le voyage est, chez lui, une seconde nature :

> Je me défiais trop de toute fixité pour m'attacher à aucune demeure, même mouvante (p. 137).
> Je n'ai jamais eu le sentiment d'appartenir complètement à aucun lieu... (p. 138)

Ce mode de vie privilégié intègre le goût forcené de la liberté et une insatiable curiosité.

Il cultive également **l'esthétisme** en toute chose : l'art et l'ordre, la beauté et la discipline témoignent d'une dualité permanente dans le souci de la perfection. Par exemple, il donne « des fêtes où tout était composé avec soin [...], l'ordonnance des services aussi nette que la ciselure des plats d'argent » (p. 247). Les statues d'Antinoüs doivent être belles et exactes. Il se sent « responsable de la beauté du monde » (p. 148) : « C'est un beau spectacle qu'une rue dallée » (p. 143). « Creuser des ports, c'était féconder la beauté des golfes » (p. 141). On trouve sans cesse chez Hadrien le besoin d'orner, de rénover, d'embellir. Mais aussi celui de bâtir, de reconstruire, pour façonner le monde, comme pour l'ordonner : ainsi le limes, en Écosse, est-il un rempart contre le désordre que sont les guerres. Les nombreuses villes, créées ou embellies par Hadrien, les temples et monuments, livrent l'intimité du bâtisseur :

> Chaque pierre était l'étrange concrétion d'une volonté, d'une mémoire, parfois d'un défi. Chaque édifice était le plan d'un songe (p. 143).

Sur le plan amoureux, la préférence d'Hadrien va aux **amours masculines**. Hormis quelques liaisons passagères avec des patriciennes, avant son accession au pouvoir, et avec une courtisane durant son règne, la gent féminine l'intéresse peu. Lucius fut un amour de six mois. Antinoüs sera celui de toute la vie. Hadrien a vécu cet amour en trois temps : le premier fut celui de l'émerveillement, de l'intense passion. Il adule la beauté d'Antinoüs, dont il est le « maître absolu ». Il ressent « l'étrange bonheur d'être aimé » (p. 181) et la plénitude solaire de l'Age d'or. Le premier temps est celui du point d'orgue. Vient ensuite le

---

1. L'étude de C. Bouttier-Couqueberg : « Les maîtres de Marguerite : Épicure ou Épictète ? », in *Analyses & réflexions sur Marguerite Yourcenar, Mémoires d'Hadrien*, Ellipses, 1996, permettra d'éclairer utilement les choix philosophiques d'Hadrien.

temps du bémol : « Je n'aimais pas moins, j'aimais plus », dit Hadrien, ce qui le conduit à aimer ailleurs, donc à rompre l'exclusivité de l'amour. Pourquoi ? « J'étais repris par ma rage de ne dépendre d'aucun être », explique-t-il. Cette rage se transforme en actes sadiques (moqueries verbales, brutalités physiques) à l'égard du favori[1]. Mais le paradoxe est que « l'idole souffletée restait l'idole » (p. 195). Le troisième temps laisse entendre le requiem ; c'est la phase du deuil et de la divinisation, quelque peu illusoire, de l'aimé : « [...] le dieu ne tenait pas lieu du vivant perdu » (p. 227).

L'HOMME PUBLIC

Il est logique de retrouver dans la vie officielle d'Hadrien ce qu'il est, ce qu'il aime, dans sa vie personnelle : **il applique, à l'échelle impériale, son idéal et sa morale, au plus près d'une adéquation parfaite.**

C'est dans l'exercice du pouvoir que s'affirme et se construit la personnalité d'Hadrien : selon l'auteur, « les débuts d'Hadrien sont très lents... » (YO p. 160). Et Hadrien confirme : « [...] rien n'est plus lent que la véritable naissance d'un homme » (p. 278). De fait, la déclaration d'intention du futur empereur : « Je voulais le pouvoir pour imposer mes plans, essayer mes remèdes, restaurer la paix » (p. 99) va de pair avec l'idéal personnel : « Je le voulais surtout pour être moi-même avant de mourir » (*ibid.*). Mission accomplie, dans les deux cas. Cet homme d'action, lucide et humaniste, a œuvré constamment pour une politique de paix, le développement du commerce et de la communication humaine, une législation plus juste et plus souple, le tout dans une vision élargie du monde. **Progressiste**, il améliore le statut de la femme, des esclaves et des soldats, car « la Discipline Auguste se doit de participer à l'humanité du siècle » (p. 135) ; il épure l'administration ; quelque peu **despote**, il recommande « le port public de la toge ou du laticlave », exile les hommes de lettres qui lui déplaisent, souhaite annexer la Judée à Rome, ne tolère guère les différences religieuses et culturelles des Juifs, cherche à promouvoir la civilisation grecque pour

> [...] imposer doucement au monde la seule culture [...] qui ait inventé une définition de la méthode, une théorie de la politique et de la beauté (p. 88).

Son œuvre impériale est en tous points conforme aux objectifs de l'accomplissement personnel, si bien d'ailleurs, que **l'homme public devient, de son vivant, un dieu**, et le modèle, avant l'heure, du « bon prince » de la Renaissance.

---

1. Sur les relations Hadrien / Antinoüs, voir l'étude d'André Ughetto : « La culture d'Hadrien », in *Analyses & réflexions sur Marguerite Yourcenar, Mémoires d'Hadrien*, Ellipses, 1996, p. 83-84.

2. Les amis

Plotine ou le « bon génie »

Cette formule d'Hadrien (p. 95) confère d'entrée au personnage de l'impératrice **une aura divine**, justifiée dès sa première « apparition » dans l'œuvre : elle porte des « vêtements blancs », a le « front lisse » et son attribut principal est la sagesse (p. 95, 96, 121, 183). Pour elle, il fonde à Nîmes une basilique, qui lui est dédiée. Son portrait est totalement laudatif et dégage ses qualités d'observation et de jugement. Voilà pour l'approche générale du personnage.

Quelles sont ses relations avec Hadrien ? Sans conteste, celles d'un **personnage adjuvant**, qui intercède en faveur de l'empereur, le soutient dans l'ombre mais avec efficacité et pose en quelque sorte les premières pierres sur lesquelles Hadrien assiéra son pouvoir. Dans la série de ses « bons offices » : elle persuade Trajan de confier la « fabrication » de ses discours à Hadrien (p. 69) ; elle arrange le mariage d'Hadrien avec Sabine, petite-nièce de Trajan (p. 70) ; elle obtient pour Attianus le poste de conseiller privé d'Hadrien (p. 96) puis de préfet du prétoire (p. 102). De plus, n'aurait-elle pas intrigué pour obtenir de Trajan l'adoption d'Hadrien (p. 104) ?

Mais elle est surtout **l'« unique amie »** (p. 183) d'Hadrien, et c'est d'une amitié intellectuelle, axée sur l'échange d'idées, sur la communauté de pensée qu'il s'agit :

> L'intimité des corps, qui n'exista jamais entre nous, a été compensée par ce contact de deux esprits étroitement mêlés l'un à l'autre (p. 96) ;
> [...] l'impératrice restait ce qu'elle avait toujours été pour moi : un esprit, une pensée à laquelle s'était mariée la mienne (p. 182).

De fait, cette complicité intellectuelle la met sur un pied d'égalité avec Hadrien : on a vu qu'elle représente le double féminin de l'empereur[1], capable de faire preuve d'aptitudes viriles, en « exigeant de soi une longue endurance de soldat » (p. 97). C'est pourquoi l'on peut dire qu'elle appartient à la « famille selon le cœur[2] », que l'empereur s'est constituée. Deux traits essentiels de l'impératrice séduisent Hadrien et sont significatifs du rapport qu'il entretient avec les autres et le monde, fondé notamment sur le critère esthétique : « le beau visage » (p. 71) et « le beau silence de Plotine » (p. 121). La symétrie des expressions accentue l'image idéale, parfaite de cette femme qui par ailleurs, échappe aux rôles féminins traditionnels : ni mère, ni amante. Seul, un autre

1. Cf. le commentaire du chapitre 8 de *Varius multiplex multiformis*, p. 28.
2. L'expression est de A.-M. Monluçon dans son étude « Les familles d'Hadrien », in *Analyses & réflexions sur Marguerite Yourcenar, Mémoires d'Hadrien*, Ellipses, 1996, p. 27-31.

personnage possède les mêmes attraits : Antinoüs, dont la beauté et les « silences obstinés » sont les caractéristiques. D'ailleurs, lorsqu'Hadrien évoque les êtres qui ont le plus compté pour lui, leurs noms sont associés (p. 310).

ATTIANUS OU LE BON VIEILLARD

Tuteur d'Hadrien depuis la mort de son père, Attianus détient en commun avec Plotine, la sagesse. Placé au rang des amis d'Hadrien (p. 102, 114, 116), il est **l'archétype du bon vieillard**, « le conseiller des jours difficiles, l'agent fidèle » (p. 115) : Hadrien se voit « bien conseillé » par Attianus, constate que celui-ci « avait vu juste » dans l'affaire des quatre consulaires. Par là, il s'impose comme une figure paternelle de substitution, car Hadrien « ne se reconnaît de dette et d'affection filiales qu'envers les hommes qui l'ont formé et ont facilité son accès au pouvoir[1] ». Son portrait le présente comme un homme qui avance en âge et décline physiquement, souffrant d'une crise de goutte : tout ceci suggère une faiblesse, démentie par les aptitudes à agir : « Ce vieillard frappa comme la foudre » (p. 113) note Hadrien en rappelant l'assassinat des quatre consulaires. L'antinomie* des termes de cette comparaison révèle le caractère exceptionnel du personnage, et surtout, son extrême dévouement pour Hadrien, signalé dans le texte bien avant cet épisode : « Attianus organisait sa vie pour me servir » (p. 86). Le « vieil ami » s'efface pour permettre à son protégé de s'affirmer sur la scène politique, de devenir empereur. De ce point de vue, son rôle d'adjuvant rejoint celui de Plotine. Mais il va bien plus loin encore, puisqu'il agit par esprit de sacrifice, acceptant d'être destitué, de se salir les mains pour laisser « les mains propres » à Hadrien. En ce sens**, il s'offre en victime** à Hadrien, tout comme le fera plus tard Antinoüs. Au moment du bilan, l'empereur peut « compter Attianus parmi ses victimes humaines » (p. 116).

TRAJAN OU LE PÈRE ADOPTIF

Il est uni à Hadrien par un lien de parenté : il est son cousin, de vingt-quatre ans son aîné, et son cotuteur. Il est principalement défini par ses qualités militaires qui en font un « grand spécialiste » (p. 67), un « empereur-soldat » (p. 61), préoccupé par l'extension territoriale de son empire. Pour le reste, son portrait se limite à ses vertus de modestie et de simplicité (p. 61).

Il entretient avec Hadrien des relations ambivalentes, oscillant entre l'admiration et la méfiance. On ne peut guère parler d'amitié entre eux, mais plutôt d'estime réciproque. Sa fonction de cotuteur l'amène à adopter un **comportement paternaliste** vis-à-vis d'Hadrien, s'offusquant des « folies de jeune

1. A.-M. Monluçon, « Les familles d'Hadrien », *op. cit.*, p. 29.

homme » de son cousin. Mais au fil du temps, ce sentiment de paternité reposera davantage sur le critère de la valeur militaire que sur celui de la valeur humaine :

> [...] le courage était le seul langage qu'il comprît immédiatement
> [...] Il finit par voir en moi un second, presque un fils... (p. 56).

La procédure de l'adoption concrétisera cette reconnaissance filiale, créant de fait une « famille impériale officielle[1] », en dehors de toute hérédité et loin du cœur : en effet, seuls la raison et le sens du devoir président au choix d'Hadrien par Trajan.

Si les deux hommes n'éprouvent guère de sentiment d'affection vis-à-vis l'un de l'autre, ils ont cependant certains points communs : le goût des jeunes hommes (d'où une rivalité orageuse, p. 62), et celui de l'action militaire. Ils partagent aussi les mêmes inquiétudes : la conscience de la finitude de l'homme et de l'infini cosmique. Ils ont enfin le même rêve : celui de l'Orient, ce continent « obscur » (p. 101) et « compliqué » (p. 93), qui les fascine tous les deux.

3. Les favoris

LUCIUS OU LA LÉGÈRETÉ DE L'ÊTRE

Lucius a été, à l'âge de dix-huit ans, et pendant six mois, le favori d'Hadrien, et fait partie depuis de l'entourage impérial. Il réunit en lui **les critères esthétiques et intellectuels** qu'Hadrien apprécie : d'une « beauté surprenante », il a le « goût exquis en toutes choses » (p. 276), aime la lecture et la poésie, se révèle un orateur dont les « discours à la fois nets et ornés servaient tout frais de modèles aux professeurs d'éloquence » (p. 276). Proche d'Antinoüs pour sa beauté, il diffère cependant de lui par son goût de la parole et des plaisirs faciles, et par sa gaieté.

Lucius est, essentiellement, un « être léger » (p. 277, 283, 286, 287), précieux et désinvolte, qui ne semble vivre qu'en tourbillonnant et en ne pesant pas sur terre : « jeune faune dansant » (p. 122), « prince blond », « prince d'ivoire et d'or » ; dans le texte, s'accumulent les images du **portrait lumineux et joyeux** de ce jeune homme à l'existence éphémère, qui meurt à trente ans à peine, comme il a vécu, dans un « étourdissement » (p. 287).

Yourcenar en a fait un « dandy dissipé » (YO p. 157), future image de la décadence romaine. Ses rapports avec Hadrien sont « ceux du fils dissipateur et du père facile » (p. 286), uniquement fondés sur l'argent : « [...] pendant près de quinze ans j'avais payé ses dettes », se souvient Hadrien, « répondu sans tarder à ses lettres [...] qui finissaient toujours par des demandes d'argent » (p. 276). En

1. A.-M. Monluçon, « Les familles d'Hadrien », *op. cit.*, p. 29.

somme, les deux personnages reproduisent les relations d'Hadrien jeune homme et de Trajan, que les dettes et les folies de son protégé scandalisaient (p. 61). Hadrien s'aperçoit que Lucius « ne [l'] avait jamais aimé » ; on sait qu'aucun courant de sympathie ne passait entre lui et Trajan.

ANTINOÜS, LE PRÉFÉRÉ

Figure emblématique de l'Age d'or, il incarne pour Hadrien, ce que Marguerite Yourcenar appelle « le coup de soleil de l'amour » (YO p. 74). En effet, il transfigure l'existence de l'empereur, le transporte du monde des hommes à celui de l'Olympe. Plus que jamais, au contact d'Antinoüs, Hadrien se sent dieu.

Qui est Antinoüs ? L'auteur a voulu évoquer « un adolescent des classes moyennes de la Bithynie de son temps » (YO p. 100). Dans le roman, ses origines semblent plutôt incertaines, mystérieuses : jeune Grec, issu d'une « famille ancienne et obscure » et d'un pays aux « étranges dieux », il est d'abord comparé à un « berger », et s'avère « peu lettré, ignorant de presque tout » (p. 170). Lorsqu'Hadrien le voit pour la première fois, il est à l'écart des autres, « assis sur le rebord de la vasque », tel Narcisse au bord de la source. D'emblée, il semble **surgir d'un univers légendaire**, à mi-chemin entre la mythologie et le genre pastoral.

Mais il est aussi profondément humain et sensuel : sa jeunesse et sa beauté, associées à sa force physique, quasi athlétique, sont les atouts majeurs de son pouvoir de séduction sur Hadrien ; l'adjectif « jeune » est systématiquement attribué par le narrateur aux différentes dénominations d'Antinoüs (par exemple, p. 169, 175, 178, 185, 188, 189). Quant à sa beauté « si visible », maints détails de son visage et de son corps l'expriment : « visage parfait », « belle bouche », « profil délicatement arqué », « beau visage » ; « bon nageur », « jeune coureur ». En somme, un « bel être sensuel » (p. 178).

Beauté, jeunesse, vitalité : ces éléments construisent une **image extérieure valorisante** du favori, qui réunit en lui toutes les sources du bonheur pour Hadrien, mais aussi tout ce qui lui manque : en effet, à quarante-sept ans, il n'a plus la jeunesse ; il s'essouffle parfois ; son déclin physique s'amorce. Antinoüs est donc le pôle complémentaire de sa vie. Mais le jeune homme possède une face cachée, intérieure : un **caractère réservé et taciturne**, antinomique* avec la vitalité du corps. Le trait fondamental du tempérament d'Antinoüs est son silence, suggéré dans sa « voix un peu voilée », « grave », ses silences obstinés », de façon générale par sa « présence extraordinairement silencieuse ». Il ne parle pas, mais il chante (p. 181) ou récite des poèmes (p. 188). Il possède donc une voix, outil d'expression artistique et non de l'expression des idées. En outre, il apparaît souvent rêveur, sombre, voire boudeur. Totalement différent de Lucius, pour lequel naît une « aversion », il rejoint Plotine, pour le silence et la beauté, et Attianus, puisque, comme le vieillard, il offre sa vie à Hadrien.

Plusieurs indices expliquent ce tempérament sombre : d'abord, le sentiment d'avoir peut-être mûri trop vite, ce que le « pli amer » de la bouche laisse supposer. Ensuite, la hantise de vieillir, « d'avoir bientôt dix-neuf ans », et de voir se dégrader l'autre. Enfin, le personnage tout entier semble identifié à la mort[1]. Bien avant son suicide sacrificiel, accompli le jour anniversaire de la mort d'Osiris, dieu des agonies, le sacrifice même de son faucon, sa fascination pour les rites d'initiation sanglants (le taurobole, p. 196), ajoutés à son indifférence et son silence coutumiers, le désignent comme **un être non fait pour la vie**.

Créature d'apparence légendaire, disait-on plus haut. Par sa mort, il deviendra plus encore : un dieu, objet d'un culte permanent de la part d'Hadrien, échappant dès lors à l'humain. Accédant à l'éternité : le beau corps périssable sera embaumé, puis multiplié, dans les représentations les plus fidèles possibles. On touche ici à la complexité des relations entre Hadrien et Antinoüs, qui sont celles du sculpteur et du modèle : **Antinoüs devient ce que veut Hadrien**. Vivant, il était un être en devenir, à former, à initier : « Mon jeune berger devenait un jeune prince. » Mais aussi une vivante matière à modeler, à sculpter, **à réifier** : « [...] ce visage changeait comme si nuit et jour je l'avais sculpté », estime Hadrien-Pygmalion (p. 171). Mort, il est déifié et pérennisé dans la statuaire, et paradoxalement, **Hadrien s'efforce de le faire revivre**, en recherchant une statue plus ressemblante, plus charnelle, « un fini parfait » (p. 146), offrant « un modelé plus exact des joues [...], un penchement plus doux du cou sur l'épaule » (p. 249), dans un perpétuel mouvement entre l'être de chair et l'œuvre d'art.

III. APPROCHES THÉMATIQUES

A. La thématique du temps

1. Les repères temporels

La structure de l'œuvre échappe à la loi traditionnelle du genre autobiographique. En effet, **l'incipit* ne coïncide pas avec la naissance du personnage** mais avec sa vieillesse et la proximité de la mort. On a donc un récit à rebours, dont le véritable point de départ chronologique s'effectue dans la deuxième partie, selon une technique d'ailleurs typiquement yourcenarienne.

---

1. Cf. l'étude de P.-L. Assoun : « Le signifiant impérial, écriture de soi et passion du père », in *Analyses & réflexions sur Marguerite Yourcenar, Mémoires d'Hadrien*, Ellipses, 1996, p. 23.

Hadrien évoque d'abord sa généalogie familiale, en remontant jusqu'à son grand-père Marullinus, dont il retrace l'existence en parallèle avec son enfance. Dans sa propre autobiographie, Marguerite Yourcenar ne procède pas autrement[1].

L'empereur restitue néanmoins la trajectoire de sa vie dans son cours chronologique, non sans quelques retours en arrière, anticipations, et arrêts sur images du présent qui ramènent au temps de l'écriture. Aussi le texte est-il soigneusement balisé par des **indices temporels fréquents**, plus ou moins larges, plus ou moins précis. Les notations du type : « Quelques années plus tôt », « dix-huit mois plus tard », « un mois plus tard » abondent et fournissent au lecteur un repérage d'ordre général, garant de la construction chronologique du récit. Celle-ci est également assurée par les indications d'âge que donne Hadrien de temps à autre. **En revanche, les dates précises restent rares**. Dans la démarche autobiographique du narrateur, cette rareté rend compte de l'éternel problème de la mémoire. Ce qu'il reconnaît :

> Les dates se mélangent : ma mémoire se compose une seule fresque où s'entassent les incidents et les voyages de plusieurs saisons (p. 178).

Ici, la métaphore picturale souligne la sensibilité d'Hadrien au caractère visuel des souvenirs, et le temps naturel, qui est celui des « saisons », abolit le rythme chronologique des jours.

Si la mémoire engrange donc peu de dates, celles-ci n'en sont que plus significatives car elles se rapportent à des événements marquants, à des souvenirs privilégiés, cristallisés dans la mémoire d'Hadrien. En particulier, deux dates mentionnent avec exactitude le jour de la mort d'Antinoüs (p. 214) et celui de son vingtième anniversaire, qu'il n'a pas atteint (p. 223). Chacune est reprise deux fois, d'une manière quasi litanique, par l'empereur vieillissant, témoignant ainsi de la permanence de la douleur et d'une temporalité intime.

2. La poétique des saisons

« J'ai ma chronologie bien à moi », confie Hadrien à Marc Aurèle. Et de l'illustrer : « Quinze ans aux armées ont duré moins qu'un matin d'Athènes. » Cette phrase montre à quel point la perception du temps est fortement subjective chez Hadrien. Les moments privilégiés s'inscrivent ainsi dans une durée mythique, issue de l'harmonie qui s'est établie un instant entre l'homme et le monde.

---

1. *Souvenirs pieux* est consacré à la famille maternelle de M. Yourcenar, *Archives du Nord* évoque la branche paternelle. À la fin du deuxième volume, l'auteur n'a toujours que six semaines d'existence !

Cette harmonie est particulièrement visible à travers le passage des saisons auxquelles l'empereur accorde une attention particulière. Elles établissent **une chronologie affective, une mesure poétique de l'écoulement du temps**. Les saisons se substituent aux indications de date et de durée, le temps atmosphérique exprime une perception du monde que soulignent les adjectifs qui accompagnent l'évocation des saisons : d'un « sinistre hiver » à « un brûlant soir de mai », d'une « blonde après-midi d'automne » à un « été chaud et malsain », la vie d'Hadrien est rythmée par les changements de climat, eux-mêmes accordés à ce qu'on pourrait appeler les « rythmes du cœur ». En effet, les caractérisations des saisons concordent avec l'état d'esprit d'Hadrien, avec ses préoccupations affectives ou politiques ; ainsi dominent les connotations négatives de l'hiver, au temps des guerres sarmates, alors que les amours avec Antinoüs participent d'un temps atmosphérique connoté positivement : un « bel hiver », les « rousseurs de l'automne » ; « Le printemps romain n'avait jamais été plus doux, plus violent ni plus bleu » (p. 184). Ici la perception du temps est aussi celle des sensations. Et lorsque l'existence d'Hadrien atteint sa plénitude, l'intensité poétique du verbe s'associe à celle du moment : « Saisons alcyonniennes, solstices de mes jours… » (p. 179). Pour lui, **le temps n'a plus de commune mesure** mais il atteint une durée mythique qui confine à l'éternité.

Mais les saisons servent également à indiquer une durée : « pendant tout un hiver » ou à marquer une étape particulière : « passer le printemps à Rome », « dès le début de l'automne ». Dans ce cas, dépouillées de tout adjectif ou d'une quelconque caractérisation, elles ont une stricte valeur temporelle.

3. Le temps et la mort

La méditation sur la mort constitue l'unité fondamentale du roman où s'impose la vision du « **Temps dévorateur** » qui mène les êtres et les choses vers leur fin inéluctable. Toute sa vie, Hadrien fut confronté à la mort, et c'est d'ailleurs la perspective prochaine de la sienne qui justifie la nécessité de la rétrospection, le moment du bilan.

La mort se présente sous diverses formes dans l'existence d'Hadrien : suicides, maladies mortelles, sacrifices rituels des hommes ou des animaux, morts naturelles, morts violentes. **Elle imprègne toutes les grandes étapes personnelles ou publiques**.

Conséquence des guerres meurtrières auxquelles a participé Hadrien, elle appartient à une réalité politique plus ou moins acceptable. Par exemple, les années de guerre contre les Daces comptent parmi les « années heureuses » qu'il revendique et sont le reflet d'une « époque d'exaltation extraordinaire » (p. 63). À l'inverse, bien éloignées de cette ivresse des débuts militaires, les atrocités menées plus tard contre les Sarmates suscitent chez Hadrien « l'écœurement » et le « dégoût pour le gaspillage inutile » (p. 82). On peut comprendre ces actions guerrières et mortelles comme **une sorte d'étape initiatique**, nécessaire à la formation du futur empereur. Ce que confirme d'ailleurs son évolution intérieure : d'une guerre l'autre, Hadrien constate qu'il a « vieilli », moralement. Devenu consul, il s'oriente vers une politique de paix à laquelle il dérogera exceptionnellement (lors de la guerre de Judée). Le rejet de la mort et parallèlement l'enjeu de la vie sont devenus les priorités de la politique impériale. Mais les victimes humaines des guerres, tout comme l'assassinat des quatre consulaires et celui de Servianus ne sont somme toute que **des morts politiques**, que l'histoire comptabilise, assume et qui ne préparent guère Hadrien à l'idée métaphysique de la mort.

Les disparitions des membres de sa famille ou de son proche entourage jalonnent également sa vie. Mais elles sont loin d'être pour lui des tragédies personnelles ; s'il se rappelle avoir « hurlé » devant le cadavre de son grand-père, les décès de son père, de sa mère, de sa sœur et de sa propre femme Sabine, le touchent assez peu. Ceux de Trajan et d'Attianus correspondent au nécessaire achèvement d'une vie usée par la maladie ou la vieillesse. La mort de Lucius, l'ancien favori, ne dérange que les plans politiques de l'empereur qui voyait en lui un successeur. En fait**, la mort atteint Hadrien lorsqu'il perd Antinoüs qui se suicide**. Elle devient alors tout à la fois réalité concrète et problème métaphysique dont les conséquences restent strictement personnelles : « La mort d'Antinoüs n'est un problème et une catastrophe que pour moi seul », confie Hadrien. Le vieillissement moral que ressentait l'homme de guerre se mue dès lors en une méditation douloureuse et éternelle. C'est pourquoi cette mort est sans cesse évoquée par anticipation dans le récit, envahissant le temps de l'écriture comme elle envahit la mémoire du narrateur. Dès les premières pages, celui-ci annonce que « le compagnon de [ses] dernières chasses est mort jeune » (p. 14). Plus loin, il précise qu'Antinoé est « née sur l'emplacement du malheur » (p. 144) puis évoque l'image de « ce dieu qu'est pour ceux qui l'ont aimé tout être mort à vingt ans » (p. 146). En définitive, jamais Hadrien n'assumera la perte de son favori. En témoignent les innombrables monnaies à l'effigie d'Antinoüs, les statues, les portraits, la fondation de la ville qui porte son nom, l'inscription du nom bien-aimé dans la pierre, le rituel même de l'embaumement... Autant de gestes, de tentatives **pour transcender le temps**, pour offrir l'immortalité à l'être disparu.

La lutte contre le temps et contre la mort s'inscrit donc dans la logique du tempérament bâtisseur d'Hadrien, qui répond à la double nécessité du recommencement et de la continuité. Dans cet esprit, construire, reconstruire, c'est s'opposer à la vision tragique du temps qui opère sur les êtres et sur les choses sa longue et sûre désagrégation. Ainsi le « palais de la mort » conçu par Hadrien symbolise-t-il parfaitement cette conception ; dans ce lieu, « viendront reposer des empereurs futurs [...], des princes encore à naître ont ainsi leur place déjà marquée dans la tombe » (p. 246). De la fusion intime entre l'énergie humaine et la matière naît une sorte d'union cosmique exceptionnelle qui défie le temps.

4. Le temps de la mort

Lorsque la mort devient pour Hadrien une affaire personnelle, elle cesse de prendre le caractère tragique que lui conférait le suicide d'Antinoüs. Trois étapes essentielles, ou trois visages de la mort, sont appréhendés par le personnage :

La mort comme destin biologique, associée à la maladie et au vieillissement. Sous cet aspect se révèle la condition mortelle de l'homme, à laquelle Hadrien finalement adhère :

> Je finissais par trouver naturel, sinon juste, que nous dussions périr (p. 262).

En ce sens, **la maladie agit comme l'élément révélateur de la mortalité**, matérialisée à travers une succession de symptômes qui représentent les différents stades de la dégradation physique et permettent d'établir le diagnostic : « l'hydropisie du cœur » (p. 266). Le premier symptôme se produit lors de l'ascension du Mont Cassius où le souffle, pour la première fois, manque à l'empereur. Malaise qui passe pratiquement inaperçu (sauf pour Antinoüs), et qui amorce le processus de la maladie. D'autres symptômes suivent. Sont particulièrement récurrents les signes extérieurs de fatigue et de souffrance ressentis par Hadrien, la suffocation (p. 12, 200, 266, 297), l'hémorragie (p. 264-265), l'évanouissement (p. 265), la perte progressive de la mobilité (p. 12, 163, 264).

Enfin, **le vieillissement** apparaît logiquement comme la preuve de l'accomplissement du destin biologique du corps ; à cet égard, le personnage incrimine régulièrement son âge. Il regrette ce « corps vieilli » et se réjouit de ne pas avoir à « faire l'épreuve du grand âge » (p. 315). Il est satisfait d'avoir atteint un seuil où il lui semble digne de mourir, s'accordant donc avec les lieux communs de Pancratès, d'abord dédaignés : « [...] mieux vaut périr que vieillir » (p. 226).

La mort comme finitude correspond à une préoccupation existentielle et strictement individuelle. Ce qui n'était pour le jeune officier de Trajan au temps des guerres daces et sarmates qu'un « gaspillage » humain, devient, pour l'homme mûr, la conscience et l'acceptation de son propre destin. On constate clairement cette évolution en comparant le discours tenu par Hadrien dans le passé et celui qu'il tient dans le présent de l'écriture :

Discours dans le passé	Discours dans le présent
« un être grisé de vie ne prévoit pas la mort, elle n'est pas ; il la nie par chacun de ses gestes » (p. 65)	« sur deux pensées, j'en consacre une à ma propre fin » (p. 65) « la mort [est] l'objet de ma contemplation constante » (p. 164)
« je comprenais mal qu'on quittât volontairement un monde qui me paraissait beau » (p. 178)	« un homme a le droit de décider à partir de quel moment sa vie cesse d'être utile » (p. 298)
« l'écœurement d'exister qui aboutit à l'envie de mourir » (p. 298)	« j'ai renoncé à brusquer ma mort » (p. 303)
	« la méditation de la mort n'apprend pas à mourir » (p. 310)

On le constate, la mort qui est initialement niée, qui n'inquiète pas, devient obsédante, permanente dans la vieillesse au quotidien. Face au suicide, l'évolution va de la tentation au revirement. Le propos final d'Hadrien fait écho à celui de Montaigne, pour qui la mort « est bien le bout, non pourtant le but de la vie » (*Essais*, livre III, ch. 12).

En définitive, la méditation de la mort chez Hadrien devient **conscience objective de sa finitude** et n'a d'autre fin que la mort même...

La mort, comme phase terminale de la vie, comporte deux stades : l'agonie et le « passage ».

Le stade de l'agonie concerne en particulier le dernier chapitre du roman. Mais la récurrence du mot lui-même (p. 224, 265, 312, 303) est signifiante : elle contribue à souligner l'image morbide et crue de la réalité des instants ultimes. L'agonie prend les aspects cliniques traditionnels : processus de délire, défilé des images privilégiées de la vie.

Mais **la mort n'est pas nécessairement un achèvement** comme l'indique la progression des représentations de la mort dans l'imaginaire d'Hadrien :

> ce centre invisible et vide (p. 158) → mystérieux passage (p. 142) → monde mystérieux (p. 165) → d'étranges portes [...] ouvertes (p. 199) → un départ (p. 311).

Les connotations liées à un univers mystérieux désignent la mort comme un lieu qui suggère d'autres possibles et développe une mythologie personnelle des représentations de l'au-delà, qui rejoint les interrogations du personnage sur l'immortalité de l'âme. Ceci explique aussi l'évolution de sa perception :

> Je commence à apercevoir le profil de ma mort (p. 13) → J'observe ma fin (p. 311) → Tâchons d'entrer dans la mort les yeux ouverts (p. 316).

Le vocabulaire caractérisant l'indistinct, présent dans la première phrase se précise ensuite en termes d'examen, de surveillance lucide et curieuse. Quels mystères veut percer ici Hadrien ? La mort en tant que phénomène physiologique le préoccupait déjà dans le passé comme en témoignent ses expériences de dissection. Pour l'empereur épris de voyages et de connaissance universelle, nul doute que la mort s'avère une quête de plus, **un ultime accomplissement dans la quête de soi.**

B. La thématique de l'espace

1. L'espace ouvert

« Qui serait assez insensé pour mourir sans avoir fait au moins le tour de sa prison ? » demandait Zénon[1]. Certes pas Hadrien. L'empereur qui, à l'heure du bilan, calcule avoir passé « douze ans sans domicile fixe » (p. 136), appartient à la famille des **grands voyageurs de l'univers yourcenarien**. Il est de fait que la romancière a projeté dans ses personnages son propre goût du voyage, du nomadisme, héritière en cela d'un père dont la maxime favorite — et la règle de vie — était : « On n'est bien qu'ailleurs[2]. » Hadrien vit, comme Zénon, dans la tradition de *l'homo viator* pour qui l'espace est un appel à la réalisation de soi : « les grands projets, les activités pacifiques, et ma vie même, commençaient pour moi **hors les murs**[3] » (p. 122). Il investit donc l'espace, notamment par le voyage, pour jouir de la beauté du monde, par « goût du dépaysement », par exemple lorsqu'il découvre les contrées barbares « où la plaine ne se terminait qu'au ciel » (p. 57). Mais aussi pour conquérir le monde, en déplaçant « le centre de gravité du pouvoir ». À cet égard, l'Orient tient une place privilégiée : il catalyse les rêves politiques de l'empereur, qui souhaite faire de l'Asie « une province de plus » pour Rome (p. 93). Mais ce monde-là ne se laisse pas faire,

---

1. OAN, p. 18.
2. Un parallèle intéressant a été établi entre l'auteur et Hadrien, par Yves de Kish, dans « Le voyage et le dépaysement », in *Analyses & réflexions sur Marguerite Yourcenar, Mémoires d'Hadrien*, Ellipses, 1996, p. 86.
3. Souligné par nous.

résiste, conserve son mystère, défend son inviolabilité. D'où l'échec de la guerre de Judée.

Il refuse délibérément tout ancrage :

> Je n'ai jamais eu le sentiment d'appartenir complètement à aucun lieu [...], je ne me sentais particulièrement isolé nulle part (p. 138).

Ainsi s'inscrit-il à l'opposé de l'opinion commune des hommes, qui préfèrent la sédentarité, par volonté de ne s'assujettir à aucun système, de n'avoir « nul préjugé et peu d'habitudes » (p. 137). La « tente légère » (p. 137) est précisément le symbole ce nomadisme absolu, de l'absence de fixité, du déplacement sans contrainte.

Enfin, il faut noter **la prédilection d'Hadrien pour les grands espaces**, particulièrement les hauteurs et les océans. L'Etna (p. 179), le mont Cassius (p. 199), le « haut d'une colline » (p. 267), cristallisent bien sûr l'image de la domination impériale. Mais surtout, ces lieux répondent à une nécessité intérieure, à un voyage au centre de soi-même, où la liberté humaine s'harmonise avec le cosmos : pour Hadrien,

> [...] le moment inoubliable était celui où la route s'arrêtait au flanc d'une montagne, où l'on se hissait de crevasse en crevasse, de bloc en bloc, pour assister à l'aurore du haut d'un pic des Pyrénées ou des Alpes (p. 137-138).

Quant à **l'océan, lieu du voyage et de la liberté** par excellence, il nourrit l'imaginaire : lors de la traversée qui le mène en Bretagne (p. 151), Hadrien repense à une légende de navigateurs lue dans Plutarque ; l'île d'Achille et de Patrocle le transporte dans l'univers des sensations marines :

> [...] j'écoute [...] la longue plaine des vagues ; j'aspire son air pur et froid ; j'erre sans effort sur le parvis du temps baigné d'humidité marine (p. 297-298).

Dans le réel aussi, l'océan est positif : à Baïes, où il mourra, Hadrien « respire mieux au bord de la mer » (p. 315). L'image maritime investit même le langage : le monde est « gréé comme un beau navire » (p. 181), « la Grèce repartait comme un navire » (p. 192). Dès le début du récit, la comparaison d'Hadrien avec « le voyageur qui navigue entre les îles de l'Archipel [...] et découvre peu à peu la ligne du rivage, [...] commence à apercevoir le profil de [sa] mort » (p. 13), donne tout à la fois un sens à la vie entière du narrateur et symbolise le dernier voyage.

2. Les lieux aimés

Certains lieux prédominent : car on peut refuser les ancrages et avoir des préférences. En l'occurrence, **Athènes est la « bien-aimée »** (p. 138), « l'étape préférée » (p. 234). Le récit évoque six séjours en Grèce : trois avant la rencontre d'Antinoüs (p. 46, 87, 161), trois ensuite (p. 173, 192, 234). Hadrien ne tarit pas d'éloges sur la cité grecque, soulignant surtout sa beauté (p. 174, 241). De façon plus large, la Grèce tout entière est la patrie de son cœur (p. 161), de sa culture (il y a fait ses études), de sa parole intérieure : « [...] c'est en grec que j'aurai pensé et vécu » (p. 46). Plus profondément, « la Grèce archaïque est la patrie d'adoption de la rêverie mythique d'Hadrien[1] », ce que confirme l'attrait du narrateur pour les légendes et la mythologie grecques.

Rome n'est cependant pas dédaignée. Elle est la « Ville Éternelle », **la cité idéale** à transplanter. La puissance romaine a un « caractère cosmique et sacré » (p. 183), au nom duquel Hadrien envisage une extension universelle :

> [...] la cité est devenue l'État. J'aurais voulu que l'État s'élargît encore, devînt ordre du monde, ordre des choses (p. 124).

En ce sens, Rome ne représente-t-elle pas un point d'ancrage affectif ? Ce qu'Hadrien, d'ailleurs, justifie lui-même : rêvant de connaître « la configuration de la terre », il finit par admettre que c'est, pour lui, chose impossible :

> [...] je n'aurais été partout qu'un Romain absent. Une sorte de cordon ombilical me rattachait à la Ville (p. 59).

Antinoé est, bien entendu, une autre ville chère au cœur d'Hadrien. Créée par lui, pour honorer la mémoire d'Antinoüs, **elle appartient à sa mythologie personnelle**, double emblème d'un amour tragique et de la préoccupation majeure d'Hadrien : vaincre la mort en s'opposant au temps.

3. Le corps, métaphore du monde

C'est une image récurrente dans le roman. Le corps apparaît comme le **médiateur** immédiat entre l'être et l'espace, et **matérialise** donc la distance qu'il y a entre Hadrien et le monde. À plusieurs reprises, Hadrien note les analogies entre le fonctionnement du corps et celui de l'empire :

> Le monde dont j'avais hérité ressemblait à un homme dans la force de l'âge... (p. 109)

1. Cf. Henriette Levillain commente *Mémoires d'Hadrien* de Marguerite Yourcenar, Foliothèque, Gallimard, 1992, p. 148.

Mais il s'agit presque toujours d'un **corps-monde malade** : le champ lexical de la maladie accompagne fréquemment la métaphore (en particulier p. 109-110).

> Tout accroissement nouveau du vaste organisme impérial me semblait une excroissance maladive, un cancer, ou l'œdème d'une hydropisie… (p. 84)

estime Hadrien. De même, la Judée représente un « doigt malade », à « cautériser ou amputer », à cause d'un « abcès juif » (p. 259). Est-ce parce qu'il projette sur l'univers qui l'entoure sa propre expérience de la maladie et du vieillissement qu'il parle en ces termes ? On peut le penser. Les dommages que la maladie occasionne au corps sont analogues, dans leurs effets, à ceux des troubles politiques au sein de l'organisme impérial. Par conséquent, l'image du corps malade est simplement conjoncturelle, liée à l'état particulier du monde au moment où Hadrien le prend en charge : l'empire dont il a hérité et la Judée sont enfermés dans la vision négative de la maladie parce que la décadence menace et que l'ordre ne règne pas. C'est donc en thérapeute que l'empereur doit régler ces dysfonctionnements.

Mais il existe aussi **des valeurs positives et esthétiques** de la métaphore du corps. Hadrien évoque le « beau corps de l'humanité (p. 149), compare le sol grec ou latin à « l'élégance nette d'un corps mâle », et la terre scythe à « l'abondance un peu lourde d'un corps de femme étendue » (p. 57). Athènes et Rome sont féminisées : l'une est belle et claire, l'autre lourde et informe. On a donc bien affaire dans *Mémoires d'Hadrien*, à la théorie de « l'homme microcosme, formé de la même substance et régi par les mêmes lois que le cosmos[1] », pour évaluer l'univers.

4. La maladie et l'immobilité

Progressivement, **Hadrien va cesser ses voyages, se fixer**. D'abord à Rome, où il rentre au terme d'une « dernière tournée officielle en Orient » et des années de guerre en Judée, pour enfin se consacrer à lui-même, à sa mort. Car penser à la mort exige un nécessaire repli dans « cet étroit canton d'humanité qu'est [soi]-même » (p. 26). À l'espace ouvert, cosmique, se substitue désormais l'espace réduit, intérieur, de l'être. Ensuite, à Tibur, dans la Villa Adriana : « La Villa était la tombe des voyages, le dernier campement du nomade… » (p. 142). Premier pas vers la sédentarité, la Villa résout la dialectique de l'espace (fermé/ouvert), en ce sens qu'elle isole Hadrien du monde tout en le maintenant en contact avec les lieux du vécu, reproduits ou évoqués par l'architecture.

---

1. Marguerite Yourcenar, *Sous bénéfice d'inventaire*, coll. Idées, Gallimard, p. 271.

Mais la maladie est là, qui restreint encore plus l'espace vital, et dans laquelle Hadrien accepte de rentrer, comme dans une « retraite » (p. 291). Le corps vieilli que l'on « traîne », les gestes que l'on ne peut plus faire, tout fonctionne au ralenti. C'est le temps de la « vie immobile[1] », qui confine à **l'enfermement** : « [...] tout malade est un prisonnier » (p. 300), observe amèrement Hadrien. La « tente légère » des années de voyage est devenue une « cage de toile » (p. 266). À cette situation de claustration, le malade cherche des compensations et convoque son passé ou son imagination pour accomplir tous les déplacements qu'il ne peut plus effectuer ; il s'installe au plus profond de l'enfermement intérieur, et lorsqu'il retrace par la pensée les itinéraires de sa vie, ce sont les chemins de la liberté qui resurgissent (p. 297). Mais ils ne suffisent pas :

> Le voyageur enfermé dans le malade à jamais sédentaire s'intéresse à la mort parce qu'elle représente un départ (p. 311).

Paradoxalement, la mort assume la seule fonction libératrice qui puisse délivrer Hadrien de sa condition de sédentaire.

C. Les voix de l'écriture

1. Le ton « togé »

Marguerite Yourcenar définit ce qu'elle appelle le « genre togé » (*oratio togata*) comme étant

> [...] cette catégorie du style soutenu, mi-narratif, mi-méditatif, mais toujours essentiellement *écrit*, d'où l'impression et la sensation immédiates sont à peu près exclues, et d'où tout échange verbal est *ipso facto* banni[2].

Il lui fallait en effet faire parler Hadrien dans le registre le plus juste possible, afin de respecter la crédibilité historique de l'œuvre. Mais le discours écrit devait avoir aussi un ton, sorte d'identité vocale du narrateur, qui soit perceptible à l'oreille du lecteur. Pour trouver ce ton, Yourcenar a recensé les matériaux écrits laissés par Hadrien : trois lignes de ses *Mémoires*, quelques textes administratifs, quelques vers « dénoués et légers », trois lettres intimes et de « rares *mots parlés* » rapportés par les chroniques de l'époque. « Peu de chose », conclut-elle[3]. De là pourtant est né le monologue d'Hadrien, « la seule forme possible », excluant tout recours au style direct et au dialogue, pour garantir l'authenticité et

---

1. Cette formule est le titre de la deuxième partie de *L'Œuvre au noir*.
2. « Ton et langage dans le roman historique », in *Le Temps, ce grand sculpteur*, coll. Blanche, Gallimard, 1983, p. 37.
2. *Ibid.*, p. 38-39.

le point de vue du « je ». Ainsi, la parole intérieure du narrateur est-elle privilégiée, augmentée du ton de la confidence, voire de l'aveu, toutes tonalités propres au discours autobiographique, dont **la décence et la rigueur langagière** sont les caractéristiques : la langue « noble » domine, le vocabulaire est, au sens propre, classique, les périodes oratoires alternent avec les phrases en asyndètes*, mesurées, jouant sur l'implicite des relations logiques que le lecteur a le soin de rétablir. C'est ce style si particulier qui constitue le ton « togé » de *Mémoires d'Hadrien* et qui confère à l'empereur « la dignité sans laquelle nous n'imaginons pas l'antique[1] ».

Cela donne, selon l'auteur, le « portrait d'une voix » (CN p. 330). Par définition, un portrait cherche à décrire, à donner à voir. Pourtant, l'expression est totalement justifiée : le récit laisse entendre **la voix virtuelle** d'Hadrien, au-delà de l'oralité, uniquement traduite par l'écriture. Si elle n'a pas de tessiture, cette voix a une texture, celle du phrasé, du ton « togé », défini plus haut. Si elle n'a pas de timbre, elle possède les échos sonores des mots et le chant du Verbe.

2. La technique de l'inventaire

C'est un procédé de style original du discours d'Hadrien. Fondée sur **l'énumération,** cette technique permet d'établir des listes récapitulatives, des bilans plus ou moins exhaustifs sur les sujets les plus divers : série des renoncements imposés par la maladie (*Animula vagula blandula*, 1), recensement des monuments et des villes édifiés (p. 142-143), des statues d'Antinoüs (p. 147-148), typologie des habitations (p. 136), liste des êtres disparus (p. 218) et des lieux aimés (p. 297). Les exemples de ce type abondent dans *Mémoires d'Hadrien* et correspondent à une démarche globalisante qui se rattache à la spécificité de l'écriture de soi : le projet étant de « raconter [sa] vie », il y a nécessité de **rejointoyer les aspects variés ou discontinus du vécu**, en les juxtaposant, pour à la fois en saisir la diversité et en recomposer l'unité. Au seuil de son entreprise autobiographique, Hadrien jugeait sa vie « informe » ; progressivement, il parvient à la dominer, à en ordonner les différents plans, prouvant une fois de plus son goût de l'ordre et de la discipline. **L'inventaire est la rhétorique de la reconstruction du passé** et de la consolidation de la mémoire en même temps qu'une reconnaissance de la diversité, voire du désordre.

En outre, ce procédé illustre le « discours organisé » prêté par Marguerite Yourcenar à son personnage, discours qui s'appuie sur la logique et sur l'expression de propos rationnels qui conviennent au représentant du monde gréco-

---

1. « Ton et langage dans le roman historique », *op. cit.*, p. 37.

romain qu'est Hadrien (YO p. 149). Ainsi, la parole écrite se doit-elle d'articuler — au propre comme au figuré — les données composites de l'existence.

3. Une prose poétique

Rigueur du langage et ton togé n'excluent pas les bonheurs d'écriture et l'expression de la sensibilité dans *Mémoires d'Hadrien*. Le narrateur sait marquer les inflexions de la félicité comme de la douleur, et entre ces deux extrêmes, tout l'éventail des sentiments. Le texte est en quelque sorte un récitatif monodique* mais non monocorde. La prose d'Hadrien n'est pas dénuée d'effets stylistiques ou poétiques, tels que :

- **les images** : métaphores et comparaisons essentiellement empruntées au domaine de la mer (p. 181, 187) ou du corps (cf. « Thématique de l'espace »).
- **les figures de style** : euphémisme : « cette chose » (p. 221), « m'absenter dans la mort » (p. 136) ; périphrase : « le compagnon de mes dernières chasses » (p. 14) ; litote : « une intimité s'ébaucha » (p. 170).
- **les parallélismes** : « saisons alcyoniennes*, solstices de mes jours » (p. 179) ; « multiple par calcul, ondoyant par jeu » (p. 72).
- **les effets sonores** : « les froides légèretés de la mort » (p. 19) ; « une fraîcheur fragile de narcisse » (p. 147) ; « le prince d'ivoire et d'or » (p. 286).
- **les adjectifs à forte valeur sémantique** : « atroce » (p. 80, p. 313) ; « fabuleuses » (p. 170) ; « hideuse » (p. 224).
- **le lyrisme des descriptions** : notamment dans les voyages en Grèce ou en Asie (*Sæculum aureum*, 1), les périples en Germanie et en Bretagne (*Tellus stabilita*, 4) et dans les portraits de Lucius et d'Antinoüs.

Ces procédés (non limitatifs) contribuent à introduire, selon la formule de Colette Prudi, un « chant dans le récit[1] », qui rend les nuances de l'émotion et de la subjectivité. Plus encore, lorsque le récit s'achève, la poésie est là, qui envahit totalement le texte (« Petite âme, âme tendre et flottante... », p. 316) et se substitue à l'écriture de soi : car peut-on raconter sa propre mort ? Alors, parce que la réalité tangible s'efface devant le monde mystérieux de l'au-delà, la poésie traduit ce que la prose ne peut dire ou décrire : « [...] ces lieux pâles, durs et nus... »

1. Voir l'étude de Colette Prudi : « L'amour et la mort », in *Analyses & réflexions sur Marguerite Yourcenar, Mémoires d'Hadrien*, Ellipses, 1996, p. 48.

L'ŒUVRE À L'EXAMEN

I. ÉPREUVES ÉCRITES

A. Le texte argumentatif

Page 124 et 125 (collection NRF Gallimard)

L'extrait étudié se situe dans la troisième partie *Tellus stabilita*, p. 132-133, de « J'ai mis fin au scandale des terres laissées en jachère » jusqu'à « Je ne me suis jamais senti plus utilement prince ».

Hadrien énumère les réformes mises en œuvre pour réagencer son empire.

Questions (10 points)

1. Récapitulez les principes du programme réformateur de l'empereur. Quels objectifs cherche-t-il à atteindre ? (4 points)
2. Commentez l'emploi de la figure de style marquante à la fin du premier paragraphe. (2 points)
3. Étudiez les indices de la première personne dans le texte. Montrez qu'elles permettent de définir la personnalité d'Hadrien. (2 points)
4. Dans le passage suivant : « Nos vieilles provinces » jusqu'à « leurs dangers » (p. 133), montrez notamment à travers l'étude du vocabulaire, la remise en cause de la notion de profit. (2 points)

Travail d'écriture (10 points)

« Je ne me suis jamais senti plus utilement prince » estime l'empereur Hadrien, dans la dernière phrase du texte. Il souligne ainsi que sa tâche politique correspond à une forme d'utilité. **Dans un développement argumenté et illustré d'exemples, vous direz comment vous concevez la notion d'utilité dans le monde d'aujourd'hui, en vous limitant à l'aspect social du terme.**

Proposition de corrigé

1. Les réformes et les objectifs d'Hadrien

Hadrien présente en les juxtaposant un certain nombre de principes idéologiques qui s'inscrivent dans la perspective d'une restructuration économique de l'empire : réformer la politique d'exploitation du sol — terres agricoles, exploitations minières — (1er §) ; utiliser le savoir-faire des marchands et les compétences des banquiers ; transformer en hommes d'affaires les fonctionnaires indispensables ; réduire les intermédiaires superflus ; enrayer l'inflation en favorisant les associations de producteurs (2e §).

Ces réformes correspondent à deux objectifs : un objectif économique (meilleure répartition des richesses ; meilleur équilibre riches/pauvres) ; un objectif social (définition de nouveaux rapports entre les hommes valorisant l'esprit corporatiste sur l'attitude individuelle).

On constate qu'Hadrien agit autant en chef d'État, conscient des dysfonctionnements de son empire, et en humaniste qui souhaite rééquilibrer les rapports sociaux.

2. La figure de style

L'expression « personne n'a le droit de traiter la terre comme l'avare son pot d'or » formule, sous forme de comparaison la critique du profit personnel et de l'égocentrisme en matière de richesses issues du sol. Par sa brièveté, par l'emploi du présent et des tournures exprimant la généralisation, (pronom indéfini « personne », articles définis), par la référence à l'image archétypale de l'avare, la phrase prend ici valeur d'aphorisme à portée morale et généralisante.

3. Les marques de la première personne

La première personne est représentée par le pronom personnel singulier « je », désignant explicitement Hadrien, par la forme complément renforcée « moi-même » qui souligne la part de l'engagement personnel. La première personne est encore relayée par l'adjectif possessif « nos » qui suggère que l'empereur, par généralisation, parle au nom du peuple romain.

Ce passage du pronom personnel singulier à l'adjectif possessif pluriel traduit la personnalité du locuteur : les occurrences de « je » sont souvent suivies de verbes exprimant l'idée de puissance, de contrôle ou de satisfaction personnelle. L'empereur parle ici en despote agissant, détenteur d'une volonté unique qui remédie à tous les problèmes. (cf. « j'ai mis fin », « j'ai pris moi-même en main », « je luttais », « j'ai réussi » et la phrase finale). Mais par l'emploi des possessifs, il souligne aussi son appartenance à une communauté dont il partage les intérêts (« nos riches », « nos marchands », « nos banquiers ») ou les territoires (« nos vieilles provinces », « nos villes »).

4. La critique de la notion de profit

Elle se manifeste en particulier par un vocabulaire dépréciatif qui condamne les rapports de force économiques : verbes exprimant l'idée de puissance, domination et profit personnel : « accapare », « fourmille », « s'engraissent » ; elle se manifeste aussi par des métaphores, notamment alimentaires, « dévorée », « s'engraissent » pour illustrer l'idée d'enrichissement personnel. Les « intermédiaires » sont caractérisés par des adjectifs péjoratifs : « obscène, ventrue », et par une juxtaposition de groupes insistant sur leurs actions pernicieuses (« chuchotant... », « accoudée... », « prête à saper ». L'adjectif « scandaleuse » exprime un jugement moral, qui renforce l'opposition de l'empereur face à un comportement axé sur la spéculation et le profit.

Travail d'écriture

Analyse de la citation. La réflexion d'Hadrien est une conclusion à valeur politique, au terme d'une série de décisions administratives et économiques — l'adverbe « utilement » s'appliquant au « prince », c'est-à-dire au dirigeant de l'empire. Elle met en rapport l'action politique du personnage et le bénéfice personnel qu'il en retire (souligné par le superlatif et la tournure négative).

Analyse du libellé. Il faut :
– définir le mot « utilité » = ce qui est avantageux, profitable à quelqu'un ou quelque chose ;
– recenser les façons d'être utile, les contextes où cette conduite peut s'appliquer ;
– envisager ce qu'elle apporte à l'individu ;
– apporter des exemples concrets et personnels.

Voici donc quelques pistes de réflexion que chacun pourra modeler à sa guise.

1. Les formes d'utilité dans le monde actuel

Qu'est-ce qu'être utile ? C'est adopter une règle de conduite visant à servir quelqu'un ou quelque chose, dans un esprit altruiste.

Comment être utile ? On peut citer des formes diverses, envisageables à plusieurs niveaux :

– À un niveau personnel, être utile consiste à offrir ses compétences, physiques ou intellectuelles, pour en faire bénéficier quelqu'un ou pour servir à quelque chose : aider une personne en difficulté (malade, handicapée, démunie) ; à dépasser des intérêts chimériques ou individuels pour faire preuve de solidarité vis-à-vis d'autrui dans la vie courante. Dans ce sens, c'est faire preuve d'un **comportement altruiste** : chaque individu peut être utile à sa manière, même dans une sphère très réduite. Dans *Terre des hommes*, Saint-Exupéry donne plusieurs exemples de ces êtres qui se mettent au service des autres pour en transfigurer l'existence.

– De façon plus large, l'utilité peut aussi correspondre à un **objectif philanthropique**, ayant pour finalité l'amélioration, voire la sauvegarde de la condition humaine. Par exemple en contribuant à des actions d'utilité publique, donc en faveur de la collectivité. À titre d'exemples : défense du patrimoine, protection de l'environnement. Ceci met en jeu le sens de la responsabilité de chacun. Cette démarche s'inscrit le plus souvent dans un contexte associatif, où des volontés individuelles convergent dans un esprit de citoyenneté ou de civisme, en vue de l'optimisation de la vie en société. En effet, des initiatives individuelles peuvent créer un effet de masse, au bénéfice du plus grand nombre : c'est le cas des « Restos du cœur ». Dans le monde d'aujourd'hui, la notion d'utilité peut aussi s'exercer sous la forme d'actions humanitaires : elle prend ici son sens le plus noble et rejoint un projet plus largement humaniste. (Lutter en faveur du Tiers-Monde, contre le SIDA, pour le respect et l'application des Droits de l'homme). L'utilité est ici fondée sur la prise de conscience des grands problèmes du monde moderne, avec volonté d'y remédier. En ce sens, le docteur Rieux (dans *La Peste* de Camus), représente l'archétype de l'individu qui affronte le fléau sans relâche, avec l'espoir de modifier les valeurs sociales, et de donner un sens à la condition humaine.

2. Les bienfaits de l'utilité

Se rendre utile, être utile, faire œuvre utile : au-delà des expressions toutes faites, ces formules correspondent à un dépassement de soi qui débouche sur l'épanouissement personnel, condition même du bonheur.

– Être utile est d'abord une preuve **d'engagement personnel**, à l'égard d'autrui, ou pour une cause, pour une idée. Ce qui repose sur une règle de conduite dont on ne se départit pas. En témoignent par exemple les écrivains « engagés » défendant des causes dans leurs œuvres (tels Voltaire dans *Candide*, Sartre dans *Les Chemins de la liberté*) ; s'engageant sur le terrain, joignant ainsi à l'action à l'œuvre, à l'instar de Malraux dans la guerre d'Espagne (*L'Espoir)* ; ou estimant simplement et au-delà de toute idéologie, comme Marguerite Yourcenar, que l'écrivain est utile dans l'absolu :

> Si mes livres [...] atteignent une personne, une seule, et lui apportent une aide quelconque, ne fût-ce que pour un moment, je me considère comme utile. (YO p. 249)

– Comme dans *Mémoires d'Hadrien*, la notion d'utilité peut correspondre à un **idéal moral** : l'adjectif « utile », récurrent dans l'œuvre, désigne une valeur essentielle, fondatrice des actes du personnage. Dans le monde actuel, cet idéal moral se fonde sur la solidarité, et le rejet de l'individualisme. Ce qui exige le dépassement de soi, la prise en compte de la collectivité, l'idée de se sentir responsable des autres. Tel est le cas du personnage de Jacques, dans *Les*

Thibault, de Roger Martin du Gard : il s'engage individuellement pour éviter la guerre de 14-18. Dans ce sens, le désir d'être utile ne se limite pas à un acte, spontané et ponctuel, mais se réfère à une attitude consciente et permanente, qui entraîne une relation ouverte avec l'entourage.

– Dans cette optique, être utile dans le monde actuel, n'est-ce pas un **moyen d'épanouissement personnel,** nécessaire au bonheur ? Bonheur partagé : car il conjugue le bonheur personnel, issu de l'action utile, et le bonheur de l'autre, bénéficiaire de l'action effectuée. Dans un monde où certaines valeurs se délitent, où l'esprit de compétition fait loi, où la précarité et l'instabilité condamnent les plus faibles à l'isolement, voire à l'exclusion, être utile est un bienfait essentiel. Si Hadrien exprime sa satisfaction de se sentir « utilement prince », tout individu ne peut-il prétendre à être « utilement homme » ?

B. Le commentaire composé

Page 140 (NRF)

Étude du texte p. 148-149 (*Tellus stabilita*), à partir de « À chacun sa pente » jusqu'à « dans l'harmonie des sphères ».

Hadrien décrit dans ce passage le monde idéal qu'il souhaite, et dans lequel l'idéal de beauté est le principe essentiel. Le mouvement du texte permet d'orienter le commentaire. Du début jusqu'à « les danseurs aussi », le narrateur énumère les critères et les domaines d'application de sa conception de l'esthétique, vue sous l'angle physique et sous l'angle moral. Ensuite, et jusqu'à la fin de l'extrait, Hadrien exprime une vue plus théorique de son idéal qui a pour finalité une réorganisation du monde, en vertu de certains critères idéologiques.

1. Les caractéristiques de l'idéal esthétique d'Hadrien

a. L'idéal esthétique est d'abord celui de la beauté qui se manifeste à travers la répétition du mot « beauté », dès le début du passage, et par les quatre occurrences de l'adjectif « beau » par la suite. À cela s'ajoutent des adjectifs à connotation esthétique, décrivant l'apparence physique : « splendides, aérées, arrosées d'eaux claires », « juste ». L'allusion aux « gymnases » renforce le souci de l'esthétique du corps. De plus, à la beauté physique souhaitée par Hadrien, correspond celle de la beauté morale, attribuée à la conduite humaine : « dignité maternelle », « un des meilleurs esprits ». L'idéal de beauté, c'est aussi le refus de la détérioration du corps, exprimé par plusieurs tournures négatives :« ne fût détérioré ni par les marques… ni par l'enflure », ou de certaines dysharmonies : « sans formalités vexatoires, sans dangers ». Les litotes « point ineptes », « point ignorants » soulignent la nécessité de qualités morales. Ainsi Hadrien souhaite-t-il un monde parfait, beau à regarder (à travers les villes, et les êtres humains) et vertueux au plan moral. Le rapprochement des « philosophes et des danseurs » (p. 149) symbolise au mieux cet idéal de la grâce dans la pensée et dans le corps.

b. La beauté est également liée au mouvement qui est expression de la liberté individuelle et de l'action positive, de l'énergie bien utilisée. Hadrien évoque les « mouvements » des femmes, et certaines formes d'expression corporelle : les « jeux », les « arts » ; la danse est citée deux fois. En ce sens, le mouvement participe d'une vision harmonieuse qui transfigure les actes ou les comportements les plus banals. Le thème du voyage suggère encore le mouvement dans l'idée du déplacement des êtres et des choses : l'image du voyageur qui erre, les allusions à la mer, aux navires, aux routes et aux attelages participent de ce mouvement universel, symbole de l'énergie humaine, dont Hadrien déplore qu'elle soit « dépensée en travaux stupides et féroces ».

c. Tout ceci entre naturellement dans **une perspective universelle**. C'est au monde entier (on note la répétition du terme « monde » et l'évocation de « l'humanité ») qu'Hadrien veut étendre son idéal esthétique. L'emploi du pluriel caractérise cette volonté d'élargissement ainsi que certains pronoms ou adverbes à valeur généralisante : « tous », « tout », « partout ». Comme toujours chez Hadrien, l'espace rejoint le temps, comme le prouve « l'éternelle danse pyrrhique* aux frontières ». En outre, la syntaxe se veut éloquente : la succession des subordonnées conjonctives répertorie tous les domaines concernés par l'idéal esthétique d'Hadrien : les lieux, les êtres, les choses. Par là, l'ampleur des deux longues phrases épouse l'ampleur du projet impérial.

Ainsi, dans cet exposé très concret des caractéristiques de son idéal esthétique, Hadrien montre sa volonté de dominer tous les aspects de la vie sociale, politique et économique de son règne. Il confirme une orientation personnelle, fondée sur des valeurs morales et idéologiques.

2. L'idéal esthétique d'Hadrien s'inscrit dans son idéal politique, qui est la réorganisation du monde, mise en œuvre tout au long de *Tellus stabilita*

a. Cet idéal politique repose sur des valeurs idéologiques auxquelles Hadrien est attaché et qui sont exprimées dans l'extrait à travers un vocabulaire abstrait : le mot « idéal » lui-même, dans sa récurrence, apparaît comme une donnée essentielle, qui implique la paix, la justice, la force, et bien sûr la beauté. On remarque que « l'immense majesté de la paix romaine » est au centre de la conception du pouvoir d'Hadrien, comme au centre du texte. La préférence pour la danse pyrrhique est une manière symbolique de marquer le rejet des actes guerriers. Les valeurs corollaires de la paix sont la nécessité de l'instruction, du savoir, la liberté sans frontières, d'un continent à l'autre. L'anaphore de « je voulais » insiste sur ce qui constitue la volonté personnelle d'Hadrien : la projection dans l'avenir d'un idéal souligné par les subordonnées au subjonctif imparfait. Chacune des deux longues phrases introduites par « je voulais » correspond à une visée particulière : la première situe l'idéal sur le plan social et humain (la qualité de la vie, la conduite humaine, l'instruction) ; la deuxième envisage les aspects politiques et économiques (la paix, la protection des hommes, les échanges humains et commerciaux). Cet idéal a pour référence l'idéal de Sparte (la Force, la Justice, les Muses) que Lacédémone n'a pu réaliser : à l'utopie spartiate, Hadrien oppose la réalisation, partielle certes, mais effective, concrète de ses propres ambitions.

b. Celles-ci se réfèrent au **principe de l'ordre**, sans lequel il n'est de beauté selon Hadrien. À la « beauté du monde » évoquée au début du texte, font écho plus loin la vision d'« un monde bien en ordre », où chaque chose et chaque être a sa « place », et les métaphores finales du « beau corps de l'humanité », de « l'harmonie des sphères ». Il y a chez Hadrien un culte permanent de la mesure, de l'équilibre, dont rendent compte les procédés stylistiques : des parallélismes — « à chacun sa pente » / « à chacun son but » ; « rigueur sans laquelle… / fermeté sans laquelle… » —, et un chiasme : « […] son goût le plus secret et son plus clair idéal. » En toute chose, la mesure est à respecter car tout excès nuit : par exemple, il faut éviter sur les corps « les marques de la misère » autant que « l'enflure d'une richesse grossière » ; il faut garder « des proportions harmonieuses que ne doit compromettre aucun excès ». C'est là un des principes fondamentaux de la sagesse grecque. L'ordre et l'harmonie : telle est la combinatoire idéale pour réorganiser le monde selon Hadrien.

c. Il en résulte le désir d'un accord entre l'homme et le monde, qui réunirait un « mode de vie parfait » à « l'harmonie des sphères ». La personnalité d'Hadrien traduit d'emblée cette osmose : se sentir « responsable de la beauté du monde » représente à la fois une mission politique et un idéal esthétique. L'action individuelle de l'empereur trouve son sens dans un projet à l'échelle universelle : civilisation et beauté, tels sont les deux idéaux à conjuguer selon Hadrien. L'expression « une chance heureuse » suggère qu'Hadrien lui-même a pu réaliser cet accord harmonieux avec le monde. Les métaphores musicales, à la fin du passage, (« instrument bien accordé », « fausse note à éviter ») font se rejoindre l'idéal esthétique (symbolisé par l'art de la musique) et l'idéal universel.

En définitive, Hadrien bâtit sa conception politique sur un idéal esthétique et universel, où tout doit être à sa place, au sein d'un monde pacifié, et refléter une beauté permanente, tant extérieure qu'intérieure, que traduisent la construction rigoureuse et les procédés stylistiques du texte.

C. La dissertation

Sujet : Commentez la remarque de Marguerite Yourcenar dans *Carnets de Notes* (p. 330) : « Portrait d'une voix. Si j'ai choisi d'écrire ces *Mémoires d'Hadrien* à la première personne, c'est pour me passer le plus possible de tout intermédiaire, fût-ce de moi-même. Hadrien pouvait parler de sa vie plus fermement et plus subtilement que moi. »
Analyse du sujet : la problématique porte sur l'attitude de l'écrivain face à ses personnages, ce qui engendre un choix d'écriture et la justification d'une démarche littéraire.
Remarques préalables : commenter l'antinomie des termes portrait/voix.
La citation suggère le plan de la dissertation.

PLAN DÉTAILLÉ

1. La conception de l'écriture de Mémoires d'Hadrien *consiste à offrir le « portrait d'une voix »*

a. Portrait et voix sont les termes antinomiques* d'une combinatoire narrative

Le portrait a un caractère visuel, fait l'objet de la description. Il donne à voir.

La voix sert à exprimer la parole, à dire. Elle donne à entendre. Elle restitue un timbre, des intonations qui révèlent la profondeur individuelle : c'est « l'authenticité tonale[1] », à laquelle Hadrien se réfère : « La lettre écrite m'a enseigné à écouter la voix humaine… » (p. 30)

b. Pourquoi cette conception ?

Parce que rien ne reste des voix de l'Antiquité (absence de transmission orale).

Seule la description de la voix d'Hadrien par l'écriture peut matérialiser son système de pensée et sa sensibilité. C'est le « ton togé » et l'emploi du monologue qui permettent de donner au narrateur une existence plausible, une voix juste.

2. La place de l'écrivain dans Mémoires d'Hadrien *est ambivalente*

a. Elle participe d'abord d'une stratégie de l'effacement

L'écrivain s'inscrit dans une relation de proximité et de distance : « […] me passer le plus possible de tout intermédiaire, fût-ce de moi-même. » Yourcenar signe l'œuvre, mais disparaît derrière **l'omniprésence de la première personne**. (« Je » est sujet dans les passages narratifs et dans les passages méditatifs).

---

1. « Ton et langage dans le roman historique », in *Le Temps, ce grand sculpteur*, p. 36. La lecture de cet essai est particulièrement recommandée pour ce sujet.

La focalisation interne est un choix raisonné (le monde est vu, senti, décrit par le protagoniste) et réitéré dans les *Carnets* : « Je me suis vite aperçue que j'écrivais la vie d'un grand homme. De là, plus de respect de la vérité, plus d'attention, et, de ma part, plus de silence » (p. 341).

b. Elle participe aussi d'une esthétique du dédoublement

Dans ce cas, Yourcenar ne serait pas « absente » ou « silencieuse », mais ferait la « discrète » : on peut établir plusieurs coïncidences ou interférences entre la vie de l'auteur et celle de son personnage.

Ainsi, **à l'intérieur de la voix d'Hadrien**, se glisse la parole de Yourcenar sur les sujets suivants : le rejet de la violence (guerres, p. 82 ; massacres des animaux, p. 119) ; le goût de la paix (aux préoccupations pacifistes de l'empereur font écho celles de Yourcenar, au lendemain de la Seconde Guerre mondiale[1]) ; l'homosexualité ; le goût du nomadisme, du voyage.

3. Le choix de l'écriture de Mémoires d'Hadrien *traduit l'écriture de soi*

a. *Mémoires d'Hadrien* est un récit de vie

La « voix » étant l'expression de l'intimité, le roman adopte plusieurs formes appartenant à la littérature intime. Il s'agit de recréer « l'incertitude tragique d'un monde intérieur » (CN p. 325).

L'emploi de la première personne est une garantie de crédibilité et d'authenticité pour le récit chronologique des étapes de l'existence comme pour les passages méditatifs.

b. C'est aussi l'autoportrait d'un homme, « varié et complexe »

Comment mieux parler de soi, sinon en prenant la parole à la première personne ? « Portrait » et « voix » se rejoignent alors, pour décrire et expliquer les aspects fondamentaux de la personnalité d'Hadrien (autant l'homme privé que l'homme public).

La démarche littéraire de Yourcenar consiste à laisser à son personnage la responsabilité de son discours et de ses tonalités : parole politique (*Tellus stabilita*, 3) ; parole poétique (*Sæculum aureum*, 1 et fin de *Patientia)*, tonalité didactique* (conseils à Marc Aurèle) ou pathétique* (*Sæculum aureum*, 6 et 7).

---

1. Cf. YO p. 158-159 : Yourcenar analyse l'espoir de paix que représentaient les Nations Unies, au lendemain de la guerre de 39-45.

II. ÉPREUVES ORALES

A. La lecture méthodique

Page 94 (NRF)

Texte : l'avènement d'Hadrien (p. 103-104), à partir de « Contrairement aux ordres reçus » jusqu'à « parce qu'il m'importerait d'en tout savoir ».

INTRODUCTION

Situation du passage : à la fin de *Varius multiplex multiformis*, l'empereur Trajan, âgé et malade, doit choisir son héritier. Après avoir nommé Hadrien commandant en chef, il le désigne enfin comme son successeur.

Intérêt du texte : il relate les circonstances dans lesquelles Hadrien a appris son accession au pouvoir. C'est donc un moment clé de la vie du personnage. Il s'agit d'un texte narratif, au rythme rapide, qui règle en moins de vingt lignes (§ 1) la question de la succession. Suit une réflexion personnelle d'Hadrien sur les mystères du destin (§ 2).

Axes de lecture : nous étudierons les modalités de la narration qui relatent les circonstances de l'adoption et nous dégagerons les profils de la personnalité d'Hadrien et ses principaux centres d'intérêt d'après ce passage.

DÉVELOPPEMENT

1. Le déroulement des événements

a. Un récit expéditif

• De nombreux indices de temps insistent sur **la rapidité des faits** : *immédiatement*, *aussitôt*, *sur-le-champ*, *à peine en route*. Ils constituent aussi les seuls liens logiques du récit.

• **Plusieurs ellipses temporelles** (« moins de dix jours plus tard », « cet intervalle », « ces quelques jours passés ») indiquent une durée inexpliquée et contribuent à l'effet d'accélération des événements, dont seuls les principaux sont relatés dans le récit d'Hadrien. Nulle mention de ce qui a pu avoir lieu dans cette période de « moins de dix jours ». L'expression « tout ce qui depuis dix ans » condense de même tout un passé non délivré par le récit et justifie la longueur de cette interminable passation de pouvoir.

• Les verbes d'action au passé simple renforcent le **rythme allègre** de la narration. Tout se déroule dans la vivacité et le mouvement (arrivées des messagers, départ d'Hadrien). Les phrases en asyndète* illustrent l'idée d'un enchaînement rapide des circonstances, par l'absence de relations explicites entre les diverses étapes entièrement subordonnées à la temporalité.

b. Des circonstances secrètes

• Le champ lexical du secret est présent (*en secret*, *lettre secrète*, *tenir cachée*), augmenté de l'évocation d'un messager de nuit, « homme de confiance » de Plotine, ce qui confirme **l'atmosphère mystérieuse**. L'analyse rétrospective des événements par Hadrien s'avère donc lacunaire, faute d'informations ; il exprime son ignorance : « impossible de reconstituer », « dont je ne saurai non plus jamais rien ». Le mystère du passé subsiste toujours au moment où il parle.

• Le nom de Plotine est, en outre, cité trois fois dans le passage. Le personnage est montré ici dans un rôle d'intrigante, qui rejoint l'image de la femme agissant dans l'ombre auprès d'Hadrien, déjà évoquée dans le roman.

• L'ordre des lettres reçues par Hadrien, la première « officielle », la seconde « secrète », rend compte de la façon de distiller les informations : à l'intérieur du déroulement rapide du récit, les informations reçues par le personnage sont rares et confidentielles. La première lettre a pour fonction de dire, l'autre de taire, mais toutes les deux participent d'une **stratégie de retardement de l'information essentielle**, qui viendra dans un troisième temps : l'annonce de l'adoption d'Hadrien.

2. Les profils de la personnalité d'Hadrien

a. Un portrait en mouvement

• Hadrien apparaît comme un homme constamment **tourné vers l'action**, ce que montrent les verbes d'action associés à l'emploi de la première personne. Cette attitude est accrue par l'évocation pathétique* de Trajan au seuil de la mort et par l'adverbe d'opposition « contrairement », qui caractérise son goût de l'initiative.

• **L'objectif de paix** correspond à l'idéal politique du futur empereur. Le récit souligne cette préoccupation majeure par deux fois : à travers les « pourparlers de paix » et en mentionnant le contrôle militaire effectué par Hadrien : « [...] toutes les mesures nécessaires pour m'assurer des garnisons syriennes. » Ceci révèle à la fois **le diplomate et le stratège**, qui tente d'établir la paix en évitant tout acte de violence guerrière.

• **Le tempérament calculateur** est également montré dans ce passage : « Je misais sur le fait que je n'aurais probablement plus de comptes à rendre à l'empereur. » On retrouve ici le « point de vue du joueur de poker » que Yourcenar a donné à son personnage (YO p. 155). L'hypothèse de la mort de Trajan donne à Hadrien toute latitude d'agir comme il l'entend et d'orienter sa politique avant même d'avoir le titre officiel d'empereur. Également, l'énumération des participes passés, « rêvé, combiné, discuté ou tu », détaille les différentes phases d'une stratégie personnelle, axée vers le pouvoir, où se mêlent ambition secrète et projets calculés.

b. Une réflexion sur le destin

• Il s'agit d'**une préoccupation constante chez Hadrien**. Elle apparaît à la fin du premier paragraphe et au début du deuxième. Le « message de deux lignes » révèle la disproportion entre la lenteur du cheminement vers le pouvoir, qui a pris « dix ans » et le caractère expéditif de son aboutissement. La destinée du personnage est présentée à la fois comme **attendue et retardée**. Hadrien s'interroge surtout sur les modalités de son adoption, sur ces jours qui « ont à jamais décidé de [sa] vie ». Cette reconstitution impossible du passé se double du souvenir d'un autre moment capital de son existence, suggéré métonymiquement par « une certaine après-midi sur le Nil », qui évoque par anticipation, la mort d'Antinoüs. Ainsi, les mêmes incertitudes, le même mystère planent sur les deux événements majeurs de la vie du narrateur.

• Mais le texte vise essentiellement à montrer **qu'on ne peut cerner les lacunes de l'Histoire**, les « blancs » laissés entre certains faits. Hadrien prend ici conscience de ces lacunes, qui mutilent son désir de « tout savoir » : l'une intéresse l'histoire officielle, politique du règne, l'autre concerne l'histoire intime, personnelle. Ne sont-elles pas, en définitive, une variante de l'*anankè*, qui gouverne la destinée humaine ?

CONCLUSION

L'adoption d'Hadrien, moment clé de son existence, est rapportée en un court récit, au terme de la deuxième partie de l'œuvre. La technique narrative met en relief l'idée que le destin s'accomplit au-delà même des désirs du personnage, et en dehors de sa sphère de compréhension. L'accès au pouvoir relève dans *Mémoires d'Hadrien* d'une **alchimie secrète** — peut-être d'une intrigue —, en tout cas d'un secret d'état, dont le principal intéressé ne doit rien savoir. Il en résulte, au moment du bilan de l'existence, une interrogation permanente, une lacune insaisissable, qui sont celles de l'histoire et du destin.

B. Questions d'entretien

– Peut-on parler d'un parcours initiatique pour le personnage ?
– Sur quelles conceptions philosophiques s'appuie la pensée d'Hadrien ?
– En quoi consiste la modernité d'Hadrien ? Peut-on établir des rapprochements avec notre époque ?
– Établissez la typologie des personnages féminins.

– Définissez les relations entre Hadrien et Antinoüs.
– En quoi consiste le sens de l'esthétique pour Hadrien ?
– Définissez le ton de l'œuvre.
– Y a-t-il une poétique du récit ?
– Quelle est la fonction des légendes dans l'œuvre ?
– Que représente le voyage pour Hadrien ?
– Quelles sont les convictions d'Hadrien en matière de guerre et de paix ?
– Justifiez le titre des parties.
– Comment s'articulent le temps narratif et le temps historique ?
– M. Yourcenar parle de la construction « pyramidale » de *Mémoires d'Hadrien*. Justifiez ce point de vue.
– Quel est le genre de l'œuvre ?
– Les *Carnets de notes* : quel statut, quelle fonction ont-ils ?

ANNEXES

RÉFÉRENCES MYTHOLOGIQUES

Achille : héros thessalien légendaire ; il vengea son ami Patrocle en tuant Hector et fit des funérailles grandioses à Patrocle.

Bacchus : dieu du vin et de l'extase chez les Romains (équivalent de Dionysos chez les Grecs).

Endymion : berger légendaire grec qui obtint de Zeus qu'il conserverait sa beauté dans un sommeil éternel.

Éros : dieu grec de l'Amour.

Hermès : dieu grec, fils de Zeus, il protège marchands et banquiers, voyageurs et voleurs.

Narcisse : jeune homme béotien, célèbre dans la légende par sa beauté. Il aperçut sa propre image reflétée dans l'eau d'une fontaine et tomba en extase. Désespéré de ne pouvoir saisir cet autre lui-même, il languit et mourut.

Osiris : dieu égyptien anthropomorphe. Dieu du recommencement et des morts, il fut adoré avec la plus grande ferveur.

Patrocle : compagnon d'Achille, qu'il accompagne à Troye. Il tente, avec les armes d'Achille, d'arrêter l'offensive troyenne, mais il est tué par Hector.

Protée : dieu grec possédant le don de la divination mais qui ne donne sa prédiction que sous la contrainte. Il a aussi le don de prendre des formes effrayantes et insaisissables.

Pygmalion : roi légendaire de Chypre, devenu amoureux d'une statue qu'il avait lui-même sculptée. Aphrodite lui donna la vie et Pygmalion l'épousa.

Zeus : dieu suprême du panthéon des Grecs. Dieu du ciel et maître des dieux, il fait régner l'ordre et la justice sur la Terre (assimilé au Jupiter des Romains).

LES DIFFÉRENTS GENRES DE LA LITTÉRATURE INTIME

Genre littéraire	Définition	Critères formels
Autobiographie	Récit rétrospectif qu'une personne fait de sa vie individuelle	Identité auteur / narrateur / personnage principal Distance temporelle Organisation chronologique Pacte autobiographique
Mémoires	Récit rétrospectif que fait un auteur des événements publics auxquels il a participé ou dont il a été témoin	Identité auteur/narrateur Mise en relief des événements historiques
Roman autobiographique	Récit de la vie d'un personnage qui ressemble à l'auteur	1re ou 3e personne Nom fictif du personnage principal π auteur Ressemblances auteur / personnage
Roman épistolaire	Genre narratif composé de lettres écrites par un ou plusieurs narrateurs	Auteur π narrateur 1re et 2e personne (= émetteur et destinataire) Date et lieu d'énonciation Signature de l'émetteur Référence à la vie personnelle, sociale des épistoliers
Roman historique	Récit qui recrée le cadre et l'atmosphère d'une époque révolue en faisant se croiser personnages historiques et personnages fictifs	Auteur π personnage principal Distance temporelle Mélange fiction/réalité

GLOSSAIRE

Alcyonienne : adjectif dérivé du nom *alcyon*, qui désignait un oiseau fabuleux, symbole de présage heureux.

Anagramme : mot obtenu par transposition de l'ordre des lettres d'un autre mot.

Antinomie : contradiction.

Apocryphe : qui n'est pas authentique.

Apothéose : déification des empereurs romains et des héros après leur mort.

Archonte : magistrat gouverneur des républiques grecques.

Arsacides : dynastie de souverains parthes descendants d'Arsace (250-224 av. J.-C.)

Arvales : collège de prêtres chargés du culte de la déesse agraire Dea Dia.

Asyndète : absence de mot de liaison entre deux mots ou deux phrases.

Atellanes : petites pièces de théâtre de caractère bouffon.

Caïque : petite embarcation légère en usage dans la mer Égée.

Calendes : premier jour de chaque mois chez les Romains.

César : nom donné aux empereurs romains.

Compilation : action de réunir des documents pour former un recueil.

Cupidité : avidité, convoitise.

Curateur : sénateur chargé de la surveillance de la rédaction des actes du Sénat.

Daces : peuple indo-européen habitant une ancienne région du sud-est de l'Europe, située sur la rive gauche du Danube (Roumanie actuelle).

Dèmes : division administrative dans les cités grecques.

Didactique : qui vise à instruire.

Éclectique : qui n'a pas de goût exclusif.

Empirisme : théorie philosophique selon laquelle toute connaissance provient de l'expérience.

Ésotérique : obscur, incompréhensible pour un non-initié.

Exergue : ce qui présente, explique.

Fantasque : changeant, original.

Gentilice : nom de famille.

Glose : commentaire, note explicative.

Gymnosophiste : ascète hindou de l'Antiquité menant une vie contemplative.

Haruspice : devin qui tirait des présages à partir des entrailles animales ou humaines.

Hellénisme : goût pour la civilisation grecque.

Hiérophante : prêtre qui présidait aux mystères d'Éleusis et instruisait les initiés.

Hilotes : esclaves de l'État à Sparte, dont les conditions de vie étaient très dures.

Ides : division du mois dans le calendrier romain.

Incipit : premiers mots d'un livre.

Lares : divinité chargée de protéger la maison, la cité, les rues.

Laticlave : large bande de pourpre appliquée sur la tunique des sénateurs.

Légat : fonctionnaire romain administrant les provinces de l'empire. Légat aux armées : commandant d'une légion.

Licteurs : garde qui marchait devant les grands magistrats, en portant des haches enveloppées dans des faisceaux de verges.

Mésie : ancienne région du sud-est de l'Europe (actuelle Bulgarie).

Monodique : se dit d'un chant à une seule voix, sans accompagnement.

Municipe : ville qui conserve ses institutions propres.

Olympiades : période de quatre ans entre deux Jeux olympiques.

Palestre : lieu public de pratique de la lutte et de la gymnastique.

Pannonie : ancienne région de l'Europe centrale (actuellement Hongrie et une partie de la Croatie).

Pathétique : qui est propre à émouvoir fortement.

Parthes : peuple semi-nomade, installé au IIe siècle sur l'Iran et une partie de la Mésopotamie.

Pastophore : grand prêtre officiant dans le culte d'Isis (transféré au culte de Mithra par Yourcenar).

Préteur : magistrat chargé de l'exécution des lois.

Prétoire : tente du général dans un camp.

Prétorienne (garde) : garde personnelle d'un empereur romain, placée sous le commandement des préfets du prétoire.

Procurateur : intendant des domaines impériaux dans les provinces, sous l'empire romain.

Prolepse : anticipation.

Publicain : riche chevalier romain qui percevait les impôts.

Pyrrhique : danse guerrière, pratiquée à Sparte, mimant les différentes formes d'un combat.

Questeur : magistrat chargé d'assister les consuls ou les gouverneurs de provinces.

Réminiscence : souvenir, vague, imprécis, à forte tonalité affective.

Sarmates : peuple nomade d'Asie centrale qui a envahi au IIIe siècle la région située entre le Don et la mer Caspienne.

Satrape : gouverneur d'une province, dans l'empire perse.

Saturnales : fêtes célébrées en l'honneur de Saturne, au cours desquelles les esclaves prenaient la place des maîtres.

Sénat : conseil souverain de la Rome antique, réduit à un rôle judiciaire sous l'Empire.

Sophiste : chez les Grecs, maître de rhétorique et de philosophie qui enseignait son art de ville de ville.

Style : poinçon dont l'extrémité pointue servait à écrire sur les tablettes et l'extrémité aplatie à effacer.

Suburre : quartier populaire et malpropre de la Rome antique.

Taurobole : sacrifice expiatoire, où le prêtre se faisait arroser du sang d'un taureau égorgé (cultes de Cybèle et de Mithra).

Tribun : officier ou magistrat romain. Tribun militaire : officier nommé par les consuls, affecté au commandement de la légion. Tribun de la plèbe : magistrat élu pour défendre les intérêts des plébéiens.

Triomphe : honneur décerné à un général qui avait remporté une grande victoire.

Versatilité : inconstance.

BIBLIOGRAPHIE SÉLECTIVE

Œuvres de Marguerite Yourcenar

Archives du Nord, coll. Blanche, Gallimard, 1977 ; Folio n° 1 328.

Mémoires d'Hadrien, coll. Folio n° 921, Gallimard, 1974.

Œuvres romanesques, bibliothèque de la Pléiade, Gallimard, 1982.

Quoi ? l'Éternité, coll. Blanche, Gallimard, 1988 ; Folio n° 2 161.

Souvenirs pieux, coll. Blanche, Gallimard, 1974 ; Folio n° 1 165.

Essais, entretiens, correspondance

Le Temps, ce grand sculpteur, coll. Blanche, Gallimard, 1983.

Les Yeux ouverts. Entretiens avec Matthieu Galey, le Centurion, 1980 ; et Le livre de Poche n° 5 577.

Lettres à ses amis et quelques autres, édition de M. Sarde et J. Brami, coll. Blanche, Gallimard, 1995.

Sous bénéfice d'inventaire, coll. Idées, Gallimard, 1978.

Biographies

Goslar, Michèle, *Yourcenar, biographie*, Racines, 1998.

Sarde, Michèle, *Vous, Marguerite Yourcenar*, R. Laffont, 1995.

Savigneau, Josyane, *Marguerite Yourcenar, l'invention d'une vie*, Gallimard, 1990.

Études sur *Mémoires d'Hadrien*

Dezon-Jones, Élyane et Poignault, Rémy, *Mémoires d'Hadrien*, coll. Balises, Nathan, 1996.

Levillain, Henriette commente *Mémoires d'Hadrien* de Marguerite Yourcenar, Foliothèque, Gallimard, 1992.

Études générales, dossiers

Jacquemin, Georges, *Marguerite Yourcenar*, La Manufacture, 1985.

Magazine littéraire, dossier Marguerite Yourcenar, n° 153, octobre 1979 ; et n° 283, décembre 1990.

Roman, histoire et mythe dans l'œuvre de Marguerite Yourcenar (actes du colloque d'Anvers, mai 1990), S. I. E. Y. , 1995.

TABLE DES MATIÈRES

Aubin Imprimeur
LIGUGÉ, POITIERS

Achevé d'imprimer en mai 1999
N° d'impression L 58306
Dépôt légal mai 1999 / Imprimé en France